# NIÑOS CRISTAL
## Un puente al corazón

**EDITORIAL kIER**

*Desde 1907 un sello positivo
para un mundo que merece serlo*

## TÍTULOS YA EDITADOS DE LA COLECCIÓN DEL CANAL INFINITO:

1- **PROFECÍAS MAYAS** – Increíbles revelaciones para nuestra época / Darío Bermúdez
2- **NIÑOS ÍNDIGO** – Nuevos seres para una nueva Tierra / Sandra Aisenberg y Eduardo Melamud
3- **KABALÁH** – Una sabiduría esencial para el mundo de hoy / Ione Szalay
4- **FENÓMENOS PARANORMALES** – Una introducción a los eventos sorprendentes / Alejandro Parra
5- **CALENDARIO MAYA** – La Cuenta Sagrada del Tiempo / Claudia Federica Zosi
6- **ENSEÑANZAS DE LOS ISHAYAS** – Anclados en el amor, la paz y la alegría / Sakti Ishaya, Bhushana Ishaya y Durga Ishaya
7- **I CHING** – El alma del oráculo del Cambio / Gustavo Rocco
8- **HATHA YOGA** – El camino a la salud / David Lifar
9- **ENERGÍA** – El principio del universo / Mónica Simone y Jorge Bertuccio
10- **ESENCIAS FLORALES** – El mensaje curativo de la naturaleza / Bárbara Espeche
11- **GRAFOLOGÍA** – Análisis e interpretación científica de la escritura / Susana Tesouro de Grosso
12- **RADIESTESIA** – El arte de sentir las radiaciones / P. Ricardo Luis Gerula
13- **MER-KA-BA** – El acceso a la cuarta dimensión / Bernardo Wikinski
14- **REIKI** – El poder infinito de la energía / Mónica Simone y Jorge Bertuccio
15- **FENG SHUI** – El camino para impulsar cambios positivos / Sergio Chagas
16- **QI GONG** – El arte de captar y transmitir la energía / Mario Schwarz
17- **NIÑOS CRISTAL** – Un puente al corazón / Sandra Aisenberg y Eduardo Melamud
18- **ADULTOS ÍNDIGO** – Un viaje de reconocimiento / María Monachesi y Bárbara Limoncelli

# NIÑOS CRISTAL
## Un puente al corazón

Sandra Aisenberg
Eduardo Melamud

SEGUNDA EDICIÓN

Colección

del Canal Infinito

Se hallan reservados todos los derechos. Sin autorización escrita del editor, queda prohibida la reproducción total o parcial de esta obra por cualquier medio -mecánico, electrónico y/u otro- y su distribución mediante alquiler o préstamo públicos.

Aisenberg, Sandra
  Niños Cristal : Un puente al corazón / Sandra Aisenberg y Eduardo Melamud. - 1ª. ed. - 2ª. reimp. - Buenos Aires : Kier, 2004.
  160 p. ; 20x14 cm.- (Colección del Canal Infinito)

  ISBN 950-17-7017-6

  1. Espiritualidad 2. Niños Cristal I. Melamud, Eduardo II. Título
  CDD 294.392 7

Diseño de tapa:
*IN JAUS* / Carlos Rossi
Director de la Colección:
*Darío Bermúdez*
Corrección:
Argelia Perazzo Olmos
Diagramación de interiores:
Mari Suárez
Sitio web Infinito:
www.infinito.com
LIBRO DE EDICION ARGENTINA
Queda hecho el depósito que marca la ley 11.723
© 2004 by Editorial Kier S.A., Buenos Aires
Av. Santa Fe 1260 (C 1059 ABT), Buenos Aires, Argentina.
Tel: (54-11) 4811-0507   Fax: (54-11) 4811-3395
http://www.kier.com.ar  -  E-mail: info@kier.com.ar
Impreso en la Argentina
Printed in Argentina

*Palabras preliminares
a la presente Colección*

## ASOMBRO CONSTANTE

En este preciso momento, mundos invisibles cruzan en silencio nuestra realidad, moldeándola como si fuera de arcilla y manejándola como una marioneta. La sospecha se confirma: un aprendizaje mayor espera ser develado a cada instante.

Mientras la ciencia misma se abre a un nuevo paradigma, se redescubren flamantes caminos milenarios. En busca de la libertad que da el conocimiento, cada vez más personas se interesan por una cirugía existencial. Ya no se cae en el error de *ajustar el territorio al mapa*, sino al revés. Los dogmas se dejan de lado y la exploración extiende los horizontes, con amplitud y a la vez con rigor.

Por consiguiente, hay una atracción por analizar el reverso del mundo, ese "revés de la trama" que guarda tanta información útil para la vida cotidiana. ¿Quién mejor que el único canal de TV dedicado las 24 horas a indagar "el otro lado" de la realidad, junto a la editorial más reconocida del sector en toda Hispanoamérica para hacerlo posible?

Es muy probable que seamos más sobrenaturales de lo que estamos dispuestos a admitir. En este escenario, la búsqueda se vuelve encuentro, una especie de coartada para evolucionar en algún sentido.

Esta serie de títulos ofrece la visión de especialistas e investigadores que favorecen la apertura de conciencia, reformulando tópicos de pensamiento, propiciando hallazgos y facilitando el ingreso en los misterios y las enseñanzas que el canal pone a diario en pantalla. Acercando no sólo respuestas, sino también los interrogantes adecuados.

El lector encontrará señales para mejorar el estado atlético de la reflexión y la evaluación, y así llegar después a la experiencia, individual e intransferible.

Es muy placentero contribuir a abrir la mente. Agradezco la confianza de los directores del canal Infinito y de la editorial Kier para concretar este proyecto, y la disposición de los autores hacia el objetivo común. Bienvenidos.

Darío Bermúdez<br>Director de la Colección – Bs. As., febrero de 2003

Darío Bermúdez es escritor. Creó "Búsqueda", medio de investigación en filosofía, arte y misticismo, y también dirige la "Colección Inicial Kier". Obtuvo varios premios como guionista (The New York Festivals, Lápiz de Oro, Promax de Oro y de Plata, etc.). Su libro de investigación "Profecías mayas - Increíbles revelaciones para nuestra época", de esta Colección, agotó rápidamente sus primeras ediciones. Creó las "Charlas para la Evolución" junto a sus autores en distintos países. Hoy integra el área de Producción Original de la señal de TV Infinito.

## Agradecimientos

Agradecemos ser parte de estos tiempos maravillosos en que la conciencia humana está despertando de la mano de los niños.

A todos los Cristal, que irradian silenciosamente para transformar la oscuridad en luz.

A los Índigo, por abrir la energía.

A los Niños de Luz, por permitirnos ser sus voceros y enseñarnos a abrir el corazón.

A todos los Seres Cristalinos que colaboraron con sus mensajes y nos brindaron su sabiduría.

A Guille y a Marina, por el apoyo incondicional.

A nuestras familias por la paciencia y el amor de siempre.

A Tobías y Ludmila, por ayudarnos a recordar.

A Noemí Paymal y Fundación Indi-go, por sus valiosos aportes.

A Maico y Haydée, por prestarnos su casa para poder escribir junto al mar.

A Laura Ubfal, por su talento, que nos dio orden y claridad.

A Darío Bermúdez y Editorial Kier, por darnos esta nueva oportunidad.

### ALMA DE DIAMANTE

*Ven a mí*
*con tu dulce luz*
*alma de diamante*

*y aunque el sol*
*se nuble después*
*sos alma de diamante*

*cielo o piel*
*silencio o verdad*
*sos alma de diamante*
*por eso ven así con la humanidad*
*alma de diamante*

*Aunque tu corazón recircule*
*siga de paso o venga*
*pretenda volar con las manos*
*sueñe despierto o duerma...*

*... o beba el elixir*
*de la eternidad*
*sos alma de diamante, alma de diamante*

*bien aquí o en el más allá*
*sos alma de diamante*
*y aunque este mismo sol se nuble después*
*sos alma de diamante*
*alma de diamante*

Luis Alberto Spinetta

# Introducción

Este mensaje está dirigido al grupo de seres entregados a la tarea de servir a los niños que están llegando, con el objetivo de que evolucionen juntos hacia un estado más amoroso y elevado de conciencia. Las técnicas de apoyo son lo menos importante; lo esencial es la conciencia que se tenga acerca de quiénes son estos niños y cuál es nuestra meta como seres humanos. No es cuestión de buscar recetas para obtener soluciones rápidas y efectivas. Éste no es el camino que proponemos, porque el cambio debe ser profundo, de corazón, de conciencia, de relación con el otro, de comunicación verdadera. Si no avanzamos en este punto, todo lo demás será vacío, inútil. Por eso, el corazón abierto, la reflexión consciente, el aprender a escuchar, a ceder, a dar, son el sostén de la tarea.

Los niños traen este mensaje de amor y para comprenderlo tenemos que abrirnos aún más, dejar de lado los prejuicios y los viejos paradigmas educativos, reflexionar sobre sus verdaderas necesidades y preguntarnos qué tipo de formación están recibiendo. Debemos recordar que este mundo sólo podrá salvarse con la pureza del corazón y que eso es lo que tenemos que preservar. Es necesario protegerlos de la incomprensión, de la masificación, de la intolerancia a lo diferente, a lo creativo, a lo distinto. Ellos son sensibles. Son espejos. Frágiles como un cristal. Tenemos que aprender a mirarnos en ellos y reconocernos. Búsquense quienes tengan un mismo objetivo, únanse. Ayúdense, que serán ayudados. La tarea es larga y llevará tiempo la siembra para que una nueva conciencia florezca. No perdamos la esperanza ni la fe.

## Nuestra experiencia personal

*Desde el primer momento en que tomé contacto con un Niño Cristal sentí su fuerza sanadora, la pureza de su corazón y la firmeza de sus intenciones. Su corazón abierto conmovió el mío con su dulzura y me permitió vislumbrar al mundo como un lugar más acogedor, menos amenazador para mí. Su certeza de la misión que compartimos como seres humanos revitalizó mi convicción de que el sentido de esta vida es abrir el corazón para dar y recibir sin temor. La red invisible que integramos todos los seres de pronto se tornó palpable para mí y el gran mandala que conforma nuestra vida comenzó a cobrar sentido.*

*Se despertó en mí la necesidad de estar en este mundo de una forma plena, ya que lo visible y lo invisible comenzaban a ser uno. La aversión que desde niña había sentido por este plano material dejaba de tener sentido: sólo tenía que animarme a dar el salto y entrar al nuevo mundo, el mundo del corazón. Desde entonces las corazas van cayendo una a una. Ya no importa cuánto tiempo lleve llegar a la meta, sino estar en la senda correcta.*

*Cada Pequeño Cristal que llega a mi vida me muestra, con su simpleza, que en la vulnerabilidad está la fortaleza y que la añoranza de otros tiempos nos retrasa en el camino. Que éstos son el tiempo y el lugar correctos y que el aporte de cada uno es necesario para que la misión se cumpla con alegría.*

*Y que cada uno de nosotros es una faceta de un gran cristal y que sólo encontrando nuestra luz potenciaremos la de todos.*

Sandra Aisenberg

*En nuestro primer libro,* Niños Índigo, *he contado que cada Niño Índigo me ha ayudado a reconocerme, a recrear mi infancia, y que también me ha dado muchas respuestas a varios aspectos inconclusos en mi vida. Por ellos sentí la necesidad de generar, junto con Sandra, un método que permitiera desarrollar capacidades que han sido bloqueadas generalmente en la niñez.*

*Para ello fue necesario empezar por desbloquearnos a nosotros mismos, tanto para ser confiables ante ellos como para lograr una conexión directa y comprender sus verdaderas necesidades.*

*Los Niños Cristal me han movilizado de forma completamente diferente.*

*El contacto con ellos ha activado en mí aspectos desconocidos, que no son del pasado ni del futuro. En realidad, no tienen tiempo: simplemente han estado siempre allí como un potencial dormido.*

*Mi primer contacto con un Cristal me conmovió. Era una bebita que tenía apenas tres meses de vida. Cuando me miró me sentí desnudo, indefenso; yo pensaba y ella sonreía. Me di cuenta de que podía leer mis pensamientos. Todo su ser irradiaba una mezcla de compasión y sabiduría.*

*En la medida en que fui conociendo a otros niños o adolescentes comencé a vislumbrar el comienzo de un mundo armónico, más puro, más transparente, donde no será necesario ocultar nada.*

*Luego hubo un período en el cual empecé a recibir información de diferentes formas. Por ejemplo, por medio de los sueños; a veces los recordaba, otras no, pero lo cierto es que cada día me despertaba con un nuevo mensaje. O simplemente me sentaba a escribir y descubría información desconocida por mí.*

*Recuerdo que un día, minutos antes de comenzar a dar una conferencia sobre educación, yo estaba de espaldas a la puerta y sentí una repentina conmoción en medio de mi pecho que me provocó un súbito cambio de ánimo. En ese momento pregunté si había entrado algún niño al recinto. Me contestaron que sí y les dije: "Ése es un Niño Cristal". Me preguntaron cómo me había dado cuenta, si no lo había visto. Mi respuesta fue: "Por la forma en que él abrió mi corazón". Luego comprobamos que, efectivamente, era un Niño Cristal.*

*Estas experiencias nos revelaron que así como es necesario desbloquear nuestros dones para trabajar con los Niños Índigo, para ayudar realmente a los Niños Cristal primero debemos aceptar el regalo que nos ofrecen: enseñarnos a abrir nuestro corazón.*

Eduardo Melamud

Cuando comenzamos a trabajar juntos tuvimos la "visión" de que nuestra labor estaría destinada a ayudar a los niños. La idea nos gustó muchísimo, pero pronto descubrimos que si queríamos efectivamente llevarla a cabo era indispensable el trabajo con padres y educadores. Realmente nos sorprende la cantidad de chicos que son medicados sólo para hacerlos encajar en el sistema educativo.

Los niños naturalmente traen sus dones activados y somos los adultos quienes, en lugar de elevarnos a su nivel, buscamos formas de condicionarlos para que se adapten a una frecuencia vibratoria inferior.

En nuestra experiencia en el trabajo tanto con niños como con padres y docentes fuimos aprendiendo que, más allá de los métodos, de las formas y de los diagnósticos, todos somos seres únicos y poseemos un potencial tan amplio que es imposible de imaginar. A la luz de las nuevas generaciones, vislumbramos que el verdadero avance del siglo XXI será impulsado por el despertar de nuestras propias capacidades latentes, el conocimiento de nosotros mismos y un cambio profundo en las relaciones humanas.

Por medio de nuestro trabajo de decodificación de la memoria celular, hemos encontrado respuestas satisfactorias a las diferentes problemáticas que con relación a los niños se presentan tanto en establecimientos escolares como en el mismo seno de la familia. En nuestro trabajo hemos detectado Adultos, Niños y Bebés Cristal que, pese a poseer las mismas cualidades vibracionales, presentaban distintas formas de expresarlas o diferentes tipos de bloqueo de sus capacidades, dependiendo de la época, de la situación o de su entorno social y familiar.

En estos últimos años decenas de profesionales de la salud nos han venido a consultar, la mayoría de las veces acompañados por sus pacientes, y cuando les preguntamos el motivo de la consulta la respuesta es siempre la misma: "No responde al tratamiento. ¿No será un Niño Índigo?".

Como la información y el conocimiento sobre estas nuevas generaciones de niños aún son escasos, es factible confundir las características del Niño Índigo con las del Niño Cristal, ya que tienen varias en común, aunque desde el punto de vista vibratorio son totalmente diferentes.

Si bien encontramos características comunes, debemos recordar que cada persona es irrepetible, que tiene su singular manera de desbloquearse y que ni "Índigo" ni "Cristal" son diagnósticos ni etiquetas. Son simplemente una forma de describir características psicoenergéticas con la intención de facilitar una comprensión holística de estos niños y de su mensaje.

El primero en identificar y nombrar a los niños de Vibración Cristal fue Steve Rother. Lo hizo en el año 1997. Esta información apareció más tarde en un capítulo de su libro *Re-cuerda. Un manual para la evolución humana*, que fue publicado en octubre del año 2002.

Para lograr una mayor comprensión sobre los Niños Cristal consideramos necesario establecer una relación directa con los Niños

Índigo, teniendo en cuenta que la misión de éstos consiste en modificar y remover las estructuras, generando un nuevo paradigma. Es por ello por lo que a los Índigo podríamos entenderlos como los detonantes de "el gran cambio". Ellos llegaron a un mundo arrasado, removieron la tierra, la prepararon y dejaron el terreno fértil para que los seres de Vibración Cristal hicieran la siembra con las semillas que engendran los cimientos de un nuevo mundo, de una nueva realidad.

Los Índigo son tan directos que hasta pueden parecer ásperos, pero lo que los mueve es el amor. Resistir al aburrimiento es su mayor desafío. Ahora que masivamente comienzan a entrar en la madurez han empezado a cambiar las estructuras sociales y educativas.

En la medida en que los Índigo desarrollen su tarea, ocupando socialmente lugares de liderazgo, en la nueva tierra se irá enraizando firmemente lo necesario para abrir el camino a la equilibrada Energía Cristalina.

Ya que los Niños Índigo fueron los encargados de abrir la puerta, ahora juntos espiaremos lo que se encuentra detrás de ella.

## Capítulo 1
# De Índigo a Cristal

## LA MANIFESTACIÓN DEL EQUILIBRIO

Así como los Niños Índigo no pueden evitar poner el dedo en la llaga de una sociedad que ha construido sus cimientos valorando y premiando los atributos del hemisferio izquierdo, los Cristal son llamados "niños pacificadores"; están dispuestos a liderar a través del ejemplo. Apasionados por la vida, por el amor, por la justicia, por el juego limpio y, sobre todo, por una inquebrantable búsqueda de la verdad, vienen a manifestar el equilibrio entre lo intuitivo y lo racional. La perfecta combinación e interacción de los hemisferios cerebrales.

La doctora norteamericana Doreen Virtue señala que: "los niños de la Generación Cristal se benefician de la apertura lograda por la Generación Índigo"[1]. Es como si los Cristal vinieran a sembrar en una tierra previamente preparada por los índigo.

---

[1] Virtue, *The Cristal Children*.

Nos parece oportuno reiterar que es preciso no confundir "Índigo" o "Cristal" con diagnósticos o etiquetas, ya que estaríamos cometiendo un grave error. "Índigo" y "Cristal" son distintos niveles de expansión de la conciencia.

Hemos visto muchos casos en que Niños Índigo han despertado su Vibración Cristal, transformando su carácter, sus hábitos y su forma de relacionarse con el mundo. El cuerpo cristalino tiene características diferentes, por lo que en el paso de Índigo a Cristal se producen modificaciones corporales. Nuevos *chakras* se activan, nuevas capacidades físicas se revelan. Esto muchas veces produce desconcierto o temor, ya que no puede encasillarse dentro de los procesos corporales conocidos hasta ahora. Puede haber síntomas de mucho cansancio, sueño, dolores, etc., que están relacionados con el despertar de las cualidades cristalinas en nuestra forma física. También hay cambios en la manera de percibir la realidad y de relacionarse con el mundo material. El paso de Índigo a Cristal es el paso de la cuarta dimensión a la quinta. El paso de la polaridad a la unidad, de lo individual a lo grupal.

## BAJAR AL CORAZÓN

Energéticamente, los índigo están centrados en la glándula pineal (*chakra* del tercer ojo), lo que les permite interactuar con el entorno de una forma certera, sin caer o dejarse arrastrar por las emociones; aunque a veces puedan parecer crueles, debemos caer en la cuenta de que lo que los motiva es el amor.

En cambio, el Cristal está centrado en el corazón, más cerca de las emociones. Es por ello por lo que tiene un especial cuidado por los sentimientos propios y, sobre todo, por los ajenos.

Hemos notado que, cuando un índigo niño o adulto realiza la conversión a Cristal, comienza a ponerse susceptible, confundiendo muchas veces a sus allegados, que desconocían que esa clase de sentimientos pudiera darse en él. Es frecuente que las personas de su entorno caigan en un estado de preocupación, ya que para realizar el traspaso del centro energético del *chakra* pineal al corazón sí o sí se deberá pasar primero por el *chakra* de la garganta (laríngeo). Y seguramente saldrán verbalizados reclamos, antiguos traumas o rencores, que deberán ser adecuadamente atendidos por las personas que conviven con él.

Hemos trabajado tanto con niños como con adultos que están pasando por este proceso. Vimos que el índigo pierde su centro con facilidad cuando se desconecta de la tierra (*chakras* inferiores), pero que rápidamente lo recupera a través del enraizamiento, que puede darse por medio de la alimentación, de ejercicios físicos o de la visualización. En cambio, el Cristal no se desestabiliza con tanta facilidad, pero cuando esto ocurre es debido a que se le ha cerrado el corazón. Para volver a abrirlo puede necesitar pasar un tiempo solo, conectarse con la naturaleza, con la música, con los animales y con los sonidos, que lo ayudarán a recordar quién es, su verdadero propósito y el objetivo de vivir en este mundo. Cuando una persona está experimentando el proceso de pasar de una vibración a la otra, debemos poner especial atención en ver cuál es el motivo del desequilibrio, para poder ayudarla a estabilizarse de la manera más adecuada.

Otro punto que observamos es que el índigo teme mostrarse

vulnerable, ya que esto lo hace sentirse expuesto. Ésta es la causa por la que ha tapado su sensibilidad con infinitas corazas, que comienza a perder a medida que va a atravesando el proceso de llegar al corazón. Por eso muchas veces nos sorprende reaccionando con exagerada susceptibilidad o sensibilidad frente a situaciones que en otros momentos no le hubieran afectado en lo más mínimo o poniéndose melancólico y reflexivo, mostrándonos una actitud introvertida, en lugar de la explosión de energía a la que nos tenía acostumbrados.

Todo esto hace que frecuentemente los Índigo no encuentren su lugar y se desconozcan a sí mismos, ya que durante este proceso, que conlleva grandes cambios, se produce una crisis de identidad, que finalmente deriva en una expansión y en un crecimiento interno muy grandes, que les permitirán reconocerse y ubicarse en un nuevo lugar.

- **Cambio de rol**

    Podemos citar como ejemplo el caso de Martín, un Niñito Índigo a quien el cambio a la Vibración Cristal le llevó un poco más de un año. No paraba de moverse en el aula y no podía respetar las consignas. Luego de esta transformación no sólo permanece sentado, sino que se preocupa por terminar su tarea antes para poder ayudar a sus compañeros. La maestra, que había hecho grandes esfuerzos por comprenderlo y por contribuir a este cambio, finalmente se preocupó, pensando que Martín se había sobreadaptado. En realidad, a la maestra le costaba aceptar que ese niñito inquieto, que requería tanta atención de su parte, se hubiera transformado en su ayudante.

A través de este ejemplo podemos ver la necesidad no sólo de ayudar a los niños a transitar este cambio sino también de proporcionarles un espacio para que puedan reubicarse y manifestar sus nuevos dones y características. Muchas veces cometemos el error de encasillar a los niños en un rol y no caemos en la cuenta de que ellos ya han cambiado y de que somos nosotros los que no estamos abiertos para darles un nuevo espacio.

Cabe aclarar que desconocemos si todos los Índigo pasarán por este proceso, pues es posible que algunos no estén preparados para atravesarlo o que no precisen dicha transformación para el cumplimiento de su tarea: recordemos que tanto la Vibración Índigo como la Cristal son necesarias para la evolución humana. También hemos visto algunos casos de Seres Cristal que se han vuelto Índigo para poder soportar un ambiente hostil en el cual les hubiera sido imposible permanecer con el corazón abierto.

Cada uno de los seres humanos de este planeta tiene la posibilidad de ampliar su conciencia y de elegir elevarse en su realidad cotidiana. Los niños que ya están vibrando en estas dimensiones de conciencia nos ayudan a despertar nuestro potencial dormido y a recordar el propósito de nuestra existencia. Los niños vienen a mostrarnos que los tiempos han llegado y que éste es el momento de despertar si es que queremos estar a la altura de los acontecimientos que se avecinan en nuestro planeta.

## DIFERENCIAS Y SEMEJANZAS ENTRE LOS NIÑOS ÍNDIGO Y LOS CRISTAL

A continuación incluimos dos cuadros que detallan algunas de las diferencias y similitudes entre los Niños Índigo y los Cristal a los fines de distinguir con mayor claridad el objetivo de cada una de estas generaciones.

*Tabla n.º 1: Características comunes más sobresalientes de los Índigo, los Cristal y otros niños y jóvenes de la nueva generación.*

| ÍNDIGO Y CRISTAL |
|---|
| • Son más sensibles. |
| • Son más perceptivos, hasta psíquicos (en varios grados). |
| • Tienen un marcado propósito de vida global. |
| • En ellos hay congruencia entre corazón, mente, palabras y acciones. |
| • Perciben la *falta de integridad* y de honestidad. |
| • Tienen mucha pasión: una pasión por la vida, por el amor, por la justicia. |
| • De jóvenes y de adultos tienen un sentido agudo de servicio y de ayuda humanitaria. |
| • Por naturaleza, no juzgan. |
| • En general, tienen un alto sentido del humor. |
| • Necesitan agua, naturaleza, arte, ropa de fibra natural, ejercicio físico y un entorno seguro tanto física como emocional, psíquica y espiritualmente. |
| • Requieren de la presencia en su entorno inmediato de adultos emocionalmente estables. |

*Tabla n.° 2: Diferencias generales más sobresalientes entre Índigo y Cristal.*

| ÍNDIGO | CRISTAL |
|---|---|
| **Espíritu de guerrero:** <br> **"El Rompedor de Sistemas"** | **Espíritu de pacificador:** <br> **"El Pacificador"** |
| *Meta* <br> • Abrir camino. <br> • Denunciar. <br> • No aceptar lo que no sirve ahora. <br><br> (Experimentan una aversión aguda por la mentira, por el engaño y por la manipulación.) | *Meta* <br> • Seguir el camino abierto por la Generación Índigo. <br> • Construir con energías más sutiles. <br> • "Pulsar" con una fuerza interior extraordinaria (para alzar la frecuencia –el nivel energético– de la sociedad). |
| *Especialidad* <br> • Denunciar. <br> • Probar los límites físicos. | *Especialidad* <br> • Liderar a través del ejemplo. <br> • Probar los límites psíquicos. |
| *Personalidad* <br> • En general, extravertidos. <br> • Rasgos de pionero (es decir, son testarudos, originales, autosuficientes, creativos). <br> • Determinación, tenacidad. <br> • Mucha energía y ningún miedo a afrontar las cosas. | *Personalidad* <br> • Más tranquilos, pacíficos y gentiles. En general, un poco introvertidos. <br> • Aún más espirituales. <br> • Aún más telepáticos. <br> • Aún más sensibles. |
| *Pautas de conducta* <br> • Piden y exigen. <br> • No temen la confrontación. <br> • Son rebeldes. | *Pautas de conducta* <br> • Hablan con pocas palabras, pero muy profundas, y sólo si se lo piden. <br> • Irradian paz y tranquilidad. <br> • Armonizan naturalmente la energía que los rodea. <br> • Son muy afectuosos con la gente y perciben sus necesidades. <br> • Se callan y se retiran si hay conflictos; evitan la confrontación. <br> • Integran las doce leyes de la inteligencia espiritual[2]. |

*continúa en la pág. 26*

---

[2] Según Dan Millman, son las siguientes: ley del equilibrio, ley de las elecciones, ley de los procesos, ley de la presencia, ley de la compasión, ley de la fe, ley de las expectativas, ley de la integridad, ley de la acción, ley de los ciclos, ley de la rendición y ley de la unidad (de su obra *Inteligencia espiritual*).

*continuación de pág. anterior*

| ÍNDIGO | CRISTAL |
|---|---|
| **Espíritu de guerrero:** "El Rompedor de Sistemas" | **Espíritu de pacificador:** "El Pacificador" |
| *Características físicas y de otros tipos* <br>• Robustos físicamente. <br>• Fuertes mentalmente. | *Características físicas y de otros tipos* <br>• Menos robustos física y mentalmente. <br>• Vulnerables emocionalmente. <br>• Dotados de habilidades psíquicas, "activadas" desde su nacimiento. <br>• A veces sufren de alergias; son más delicados. |
| *Sus características pueden ser erróneamente diagnosticadas como:* <br>• ADD (Déficit de Atención). <br>• ADDH (Déficit de Atención con Hiperactividad). | *Sus características pueden ser erróneamente diagnosticadas como:* <br>• Enfermedad de Aspergers (una forma moderada de autismo, común en los EE.UU. entre quienes ejercen las profesiones de programador informático, ingeniero de sistemas, etc.). <br>• Autismo. <br>• Niño "desconectado". |
| Son precoces en el hablar. | Es posible que hablen tardíamente, en general porque puede pasar un tiempo antes de que se den cuenta de que los adultos habitualmente no entienden la comunicación telepática que tienen tendencia a utilizar innatamente. |
| *Necesidades, en general* <br>• Nutrir sus talentos de pioneros y de líderes. <br>• Tener herramientas de organización del trabajo. <br>• Aprender la diplomacia y la cortesía. | *Necesidades, en general* <br>• Utilizar y nutrir sus habilidades y sus talentos de "pacificadores". <br>• Contar con técnicas de limpieza psíquica sencillas. <br>• Intercambiar energía con la naturaleza. |

Es importante resaltar que en el Niño Cristal hay que prestar mucha atención a:

- Los daños psicológicos y emocionales.

- La violencia física, la cual les aterroriza.
- Las alergias.
- Los campos electromagnéticos.
- La contaminación psíquica.

Las tablas utilizadas fueron extraídas de la revista *Amerika Indigo*, noviembre 2002, n.º 2, Fundación Indi-go, enservicio@datafull.com.

## PALABRA DE CRISTAL

*¿Saben? El mundo que estamos construyendo será muy distinto: ya no habrá más peleas, ya no nos sentiremos separados. El dolor de uno será el dolor de todos y ya no habrá más dolor; la oscuridad se transformará en luz.*

*Habrá nuevos colores; percibiremos nuevos sonidos y aromas.*

*¿Saben que la música puede curar?*

*Somos luz, ¿lo recuerdan? Todos volveremos a brillar.*

Nagual

*Capítulo 2*
# La Vibración Cristal

## DEL CIELO A LA TIERRA

Para comprender de manera básica qué es una vibración debemos considerar que, si bien comúnmente se dice que todas las cosas están constituidas por átomos, en realidad es el movimiento de vibración de éstos lo que las forma.

Los átomos existen solamente porque se encuentran en movimiento y vibración. Entender las bases de la vibración nos ayuda a comprender mejor el orden natural de las cosas.

La razón por la cual un copo de nieve nunca es igual a otro reside en que cada gota de agua vibra de manera diferente. La vibración que experimenta en el momento de transición hacia una forma sólida determina su apariencia única. Lo mismo se aplica al ser humano: a medida que nos vamos moviendo de un plano de conciencia a otro, elevamos nuestra vibración. ¿Por qué creen que es tan importante la música? Porque vibra y mueve la energía. La Frecuencia Vibratoria Cristal es similar a la música de

Mozart, ya que ésta respeta la pureza, está al nivel de la intención y es muy parecida al plano de conciencia en que vibran los Seres Cristal.

La Energía Cristal manifiesta el justo equilibrio entre las polaridades, entre la energía masculina y la femenina (*ying* y *yang*), entre el hemisferio cerebral derecho y el izquierdo, entre el pensar y el sentir.

Esta energía vibra en todos los seres vivos, ya que se ha comprobado que es la esencia del agua.

El investigador japonés Masaru Emoto[1], después de doce años de trabajo científico, consiguió demostrar, a través de miles de fotografías realizadas por medio de un microscopio electrónico, que el agua no sólo almacena información, sino también sentimientos y conciencia, y que reacciona a cualquier mensaje, manifestándolo en diferentes patrones cristalinos. El Dr. Emoto comprobó que todo lo vivo tiene una frecuencia de vibración, un campo magnético de resonancia. Midió este campo usando un analizador de resonancia magnética y comprobó que el sonido y la palabra son poderosísimos.

- Los patrones cristalinos obtenidos con la palabra "gracias" tienen una forma similar a aquellos formados por el agua cuando es expuesta a las "Variaciones de Goldberg sobre Bach" (música compuesta en gratitud al citado compositor).

- Cuando se puso la canción de Elvis Presley "El Hotel de la Tristeza", el resultado fue que los cristales helados se partieron en dos.

[1] Véase la obra *The hidden messages in water*.

- Otro conjunto instructivo de fotografías mostró una diferencia asombrosa entre los modelos cristalinos evocados por las palabras "hagámoslo" y "hazlo". Los cristales formados por la palabra "hagámoslo" eran como hermosos copos de nieve. La palabra "hazlo", sin embargo, no formó ningún cristal.

- Es curioso que en el centro de la estructura cristalina que produce en el agua la palabra "alma" se pudo observar una imagen en forma de corazón.

## LA MEMORIA DEL AGUA

La memoria del agua va unida a la geometría, porque ella es capaz de almacenar el contenido de la información. La estructura geométrica se puede perder; cuando la rompemos, el cristal se parte y hace que el agua caiga en un estado disonante, lo que tiene un efecto destructivo.

Por otra parte, el biofísico Peter Ferreira, quien realizó, junto con el investigador del agua y biofísico Dr. Wolfgang Ludwing y la bióloga italiana Dra. Cicollo, un estudio científico sobre la naturaleza de la sal y del agua, ha dado una serie de conferencias en las cuales planteó que en la naturaleza encontramos estados de orden que mantienen la materia cohesionada.

Tomemos como ejemplo un cristal de roca; sabemos que, por un lado, no existen dos cristales de roca idénticos, pero, por otra parte, cada uno de ellos tiene exactamente la misma geometría.

Cuanto más alta sea la fase cristalina en el agua, más alto será el contenido de información en forma de frecuencias mensurables.

Es interesante que las mismas vibraciones existen en nuestro organismo. Si tenemos en cuenta que el 75% de nuestro cuerpo es agua y que habitamos un planeta con el mismo porcentaje de este elemento, podemos deducir rápidamente que la influencia de las vibraciones sobre el agua es igual a la influencia en nuestra propia conformación molecular.

Tanto los cristales que se encuentran en nuestro interior como los que se hallan en el planeta forman un sistema energético de red que se mantiene en un perfecto y constante de equilibrio. Cuando ambos sistemas se utilizan conjuntamente y de manera consciente, se puede interaccionar con las energías de los seres orgánicos de una manera efectiva y duradera.

Actualmente la Tierra está siendo expuesta a altas frecuencias vibratorias. Estas frecuencias afectan todo lo vivo y consciente. Por lo tanto, mucha más energía está disponible para todos y podemos utilizarla para elevarnos y contribuir al cambio planetario.

Químicamente somos seres basados en el carbón. La base de un átomo de carbón requiere tan sólo un pequeño cambio para transformarse en un átomo de silicona, que es un elemento cristalino. La presión que ejerce la Tierra sobre el carbón es lo que crea la evolución de este material, transformándolo en los cristales que se conocen como diamantes.

En estos tiempos en que nuestra vida cotidiana nos somete a tantas presiones, tenemos la oportunidad de elevar nuestra vibración hasta lograr transformarnos en seres brillantes y luminosos. Éste es el mayor desafío en la actualidad: lograr una transformación plena que pueda manifestarse en cada palabra, en cada pensamiento y en cada acción.

Quizás a la luz de estos nuevos descubrimientos científicos podamos comenzar a entender realmente el imponente poder que poseemos al tener la capacidad de elegir nuestros pensamientos e intenciones para sanarnos a nosotros mismos, así como a nuestro ambiente. Cada incremento en la vibración, aunque pequeño, puede causar cambios drásticos en la manera en que interactuamos con nuestro medio.

## PARTES DE UN TODO

Todas las vibraciones vivenciadas colectivamente componen el todo. Por lo tanto, es correcto decir que somos la culminación de todos los pensamientos y creencias que hemos tenido hasta este momento. A pesar de que los efectos se han desvanecido en el tiempo, todavía se sostiene la vibración de cada pensamiento que hemos tenido. Las creencias son sencillamente pensamientos que hemos repetido y que hemos grabado eficientemente una y otra vez. Por eso es tan difícil borrar una creencia. Sin embargo, debemos considerar que el tiempo está de nuestra parte en esta área, porque los pensamientos nuevos tienen una vibración más fuerte que los viejos.

Considerando que la Energía Cristal es sumamente veloz y viaja aún más rápido que la luz, no debemos extrañarnos de que en estos tiempos podamos cambiar nuestra realidad simplemente rectificando nuestra intención o haciendo una nueva elección o cambio de pensamiento.

Ahora es el momento de volver a unirnos, primero como individuos y luego como partes del todo. De esta forma los cimientos de una nueva tierra se irán manifestando en los lugares en que actualmente existe la devastación.

Ésta es la oportunidad de elevar nuestro cuerpo vibratorio hasta alcanzar los atributos de los Niños Cristal. Este proceso se irá dando durante el próximo medio siglo y ayudará a sostener en nuestra biología una mayor cantidad de Energía Cristal.

La Vibración Cristal es una de las manifestaciones más puras de la materia. Despliega frecuencias de luz y de color múltiples, demostrándonos que la claridad, la belleza y la perfección espiritual son de este mundo. Irrumpe en nuestra escena en el momento oportuno para enseñarnos a activar y a irradiar todo el potencial de nuestro propio esplendor interno.

## PALABRA DE CRISTAL

> *Los Niños Cristal venimos con el objetivo de despertar la conciencia humana y de no perdernos en el mundo en el que nos ha tocado en suerte encarnar. Los seres humanos necesitamos despertar y levantar el velo de la ilusión, de la separación entre lo visible y lo invisible; encontrar la unidad interna y externa. Nosotros traemos el potente recuerdo de cómo hacerlo y no dejaremos de poner nuestros esfuerzos en ello, incluso hasta agotarlos y aun a costa de nuestro propio sufrimiento. Los caminos para llegar a este cambio son infinitos. Debemos actuar en nuestro propio ámbito y tener la conciencia de que no estamos solos en esta tarea. Toda escuela de pensamiento, toda práctica, toda pedagogía que no esté dispuesta a una revisión pro-*

*funda desde el corazón mismo de su propia conciencia quedará obsoleta en poco tiempo. El cambio viene con una fuerza irresistible. Estarán quienes quieran unirse y llevar junto a nosotros su antorcha de luz. Es importante que sepan que todo aquello que no nazca del corazón verdadero caerá en el abismo. Sólo perdurará lo que sea verdadero. Por eso es necesario que quienes sean nuestros voceros tengan plena conciencia de su rol y no pierdan de vista el objetivo.*

*Millares de seres de luz están llegando al planeta y necesitan que las viejas alianzas se restablezcan. Éste es el fin de un ciclo cuidadosamente planificado hace eones de tiempo. Estamos llegando al final del proceso. Muchas veces esto ha sido anunciado y ha llegado el momento de cumplir con nuestros compromisos originales. Son necesarias dignidad y valentía para cumplir con la misión. Busquen: hay muchos seres afines esperando su llamada. Dejen de lado cualquier pensamiento ilusorio y sigan adelante.*

Los Niños de Luz

*Capítulo 3*
# Anclar la vibración

> *El mundo no es un lugar del que haya que bajarse o huir. En la misma medida en que un ser humano siente que abandona el plano de este mundo o pretende abandonarlo, en la misma medida queda atrapado en él. Por lo tanto, tengan presente que aquello a lo que se resisten, por ese motivo, persiste.*

## EL VALOR DE LO FÍSICO

La Energía Cristalina emana tanto del sol como de las entrañas de la Tierra, pero hay muchas personas que piensan que la sabiduría únicamente proviene de arriba, del cosmos o de lo que se considera el reino espiritual. En realidad, la elevación nace del equilibrio entre la energía terrestre y la energía cósmica, ya que la primera favorece la armonía del cuerpo, en el que habita el espíritu.

En el pasado nos enseñaron a creer que para evolucionar era necesario separar lo físico de lo espiritual. Curiosamente, muchas de las doctrinas espirituales le han restado importancia al mundo físico. Esto funcionaba bien en épocas anteriores, en que la vibración planetaria era más densa que la actual. En este tiempo es importante tratar al cuerpo y al espíritu como una unidad, ya que la Energía Cristal es más veloz y resulta imprescindible tener un correcto equilibrio entre lo físico y lo energético.

Esta vez la energía de cambio no entrará desde arriba sino que emergerá de las profundidades de la Tierra, pues la Vibración Cristal llegó a través del sol y se almacenó en las placas tectónicas. Ahora ha llegado el tiempo de maduración necesario para que esta energía se libere y se integre a nuestras vidas.

Mantenernos enraizados nos permite armonizar el cuerpo con los ritmos, con los ciclos y con la energía del planeta. Si hay separación entre el cuerpo y el espíritu (cielo y tierra), la vida cotidiana se nos hace muy difícil.

La Energía Cristal es espiritual y no hay espiritualidad sin concreción. Si por momentos nos sentimos inspirados, conectados a las personas y a los seres vivos, plenos de amor, pero no logramos ponerlo de manifiesto en nuestra vida diaria, debemos prestar atención, ya que posiblemente nos estamos engañando. Hemos conocido muchas personas que, para evadirse del dolor de este mundo, viven en planos ilusorios, confundiéndolos con la verdadera espiritualidad.

Recordamos el caso de María Rosa, de 58 años. Ella vivía una realidad familiar muy dolorosa, que había logrado mitigar a través de diferentes disciplinas y prácticas energéticas. Tenía una rutina de tres meditaciones diarias, en las cuales activaba los centros energéticos superiores, descuidando los inferiores. A través del trabajo realizado con nosotros descubrió la necesidad de conectarse con la energía de la tierra. Desde ese momento comenzó a sentir fuertes dolores en las zonas bajas (de la cintura hacia los pies). También nos contó que padecía una fuerte molestia en los riñones y que se sentía cansada, con necesidad de dormir y de ingerir mayor cantidad de alimentos. Nos preguntó si esto tenía que ver con su enraizamiento, a lo que respondimos que sí; que, efectivamente, cuando uno reconecta su cuerpo con la tierra, comienza a registrar sus necesidades básicas. Le aconsejamos que si tenía sueño durmiera, que si tenía hambre comiera y que se hiciera un estudio de los riñones. Al poco tiempo nos confirmó que tenía una infección urinaria.

## LOS AGUJEROS ENERGÉTICOS

Citamos este ejemplo para que tengan en cuenta lo peligroso que puede ser desconectarse del cuerpo hasta punto tal de desoír los mensajes que nos alertan de una posible enfermedad y de los riesgos de tomar esa desconexión como una realización espiritual.

No debemos perder de vista que hay mecanismos que funcionan como verdaderos agujeros energéticos por donde se nos escapa gran cantidad de energía. En el caso de que nos evadamos, podemos literalmente salirnos del cuerpo por el *chakra* de la coronilla. En esos estados es muy común olvidarnos de las cosas o de los compromisos recientemente adquiridos. Los que tienen la tendencia a irse energéticamente hacia arriba (a "colgarse") a menudo comienzan a desarrollar trastornos en la memoria y experimentan sensación de ausencia y cuadros de debilidad, sobre todo en la sangre, llegando muchas veces a la anemia. La fortaleza de la sangre es vital para un correcto y duradero anclaje en la tierra.

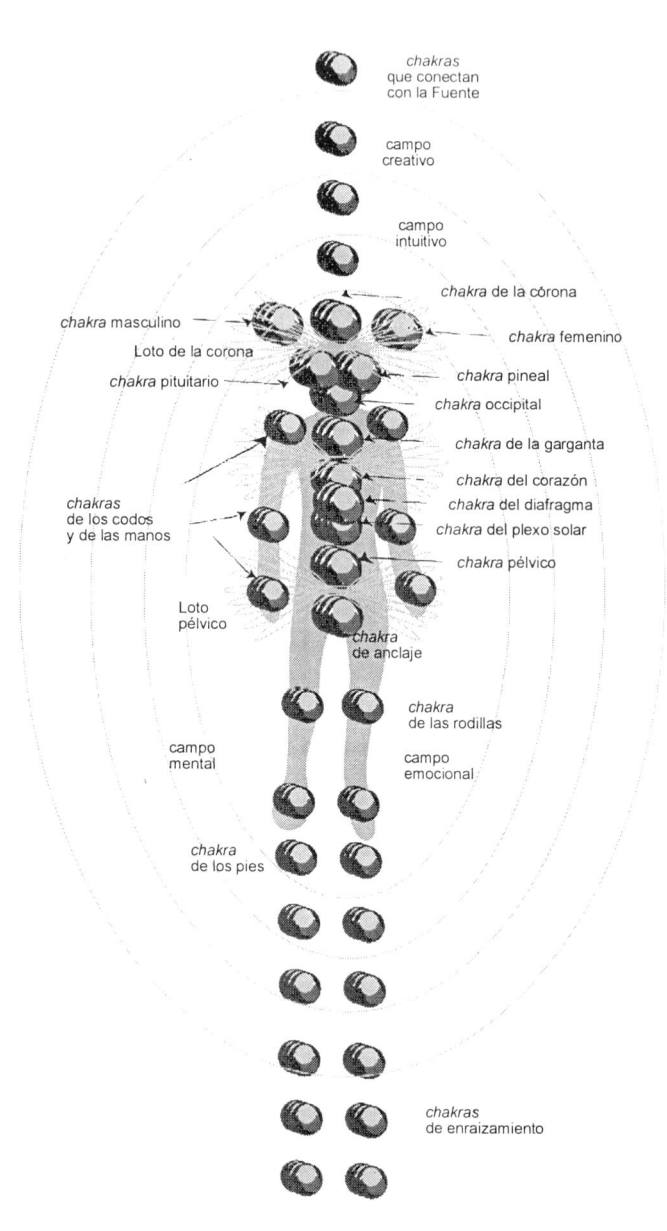

*Sistema completo de* chakras *(extraído de www.ascendpress.org/index.html).*

Debemos tener cuidado, ya que éste es un estado ilusorio. Si bien el "estar sin estar" funciona como un alivio a las presiones de la vida cotidiana, es necesario tener en claro que el único lugar donde se puede resolver y producir cambios y transformaciones reales es el "aquí y ahora".

Quienes se van energéticamente hacia abajo (*chakras* inferiores) suelen caer en cuadros depresivos, ya que la energía de la tierra no fluye adecuadamente hacia arriba.

Es bueno hacer el ejercicio consciente de ver en qué situaciones nos deprimimos, nos enojamos o nos evadimos. Para esto proponemos:

1- Reconocer la tendencia.
2- Reflexionar y, si es necesario, anotar en qué situación exactamente se nos activa alguno de estos mecanismos.

Hay personas que poseen ambas tendencias. Son casos en los cuales la energía sube tanto que la persona llega a sentirse "plena" debido a la aparente ausencia de sufrimiento. En estos casos se puede fluctuar de la evasión o indiferencia a la melancolía, hasta llegar a la depresión profunda.

Es muy común que, al volver del estado de abstracción, sintamos en nuestro entorno un reclamo, el cual será seguido de enojo o furia y del deseo de evadirnos otra vez. También puede sucedernos que bajemos tan abruptamente como un avión que cae de repente y termina incrustado en la tierra. Sea por un polo o por otro, la vitalidad se nos escapa como si fuera agua que queremos atrapar entre las manos; esto nos pone a merced de energías bajas o densas que nos enferman y separan aún más de nuestro centro espiritual.

En estos tiempos es vital comprender que el cuerpo es el vehículo del espíritu y que si éste no se encuentra correctamente anclado se nos hace imposible sostener vibraciones más elevadas.

La cura proviene de conectarnos sin culpa ni indiferencia, activando y abriendo el centro energético del corazón.

## LA ENERGÍA DISPONIBLE

En los años '50, el profesor O. W. Schumann, de la Universidad Tecnológica de Munich, Alemania, descubrió el efecto de resonancia del sistema tierra-aire-ionosfera, hoy llamado generalmente "ondas Schumann", en honor a su descubridor. Dichas ondas vibran en la misma frecuencia que las ondas cerebrales de los seres humanos y de todos los mamíferos en general, siendo el valor de dicha frecuencia 7,8 ciclos por segundo o hercios (Hz). Más concretamente, corresponden a la frecuencia de vibración del hipotálamo, y son ondas tan esenciales que sin ellas no es posible la vida. Este hecho ha sido constatado por numerosos astronautas: al estar fuera de la ionosfera y faltarles la pulsación natural de 7,8 ciclos, regresaban a tierra con graves problemas de salud. Esto fue corregido posteriormente al introducirse los sistemas generadores de ondas Schumann artificiales.

En estos días vivimos una aceleración sin precedentes. Esta frecuencia base o "latido" de la Tierra (la frecuencia Schumann) ha ascendido de 7,8 ciclos por segundo a 11,6 ciclos por segundo.

Mientras que, por un lado, el ritmo, el "pulso" de la Tierra se está haciendo más rápido, la fuerza de su campo magnético, por el otro, está declinando. ¿Por qué ese cambio es tan importante para nuestro desarrollo espiritual?

Así como los patrones energéticos humanos afectan a la Tierra, los cambios en los patrones energéticos de ella nos afectan a nosotros. A medida que las energías terrestres evolucionan a frecuencias más altas, nuestras energías humanas responden a esas nuevas frecuencias.

Al comienzo, la presencia de frecuencias elevadas disparará un proceso de limpieza y desintoxicación de toda frecuencia baja. Cualquier cosa que en el pasado nos haya estado limitando surgirá para ser revisada y liberada.

En este momento hay mucha más energía disponible para todos. Muchas personas observan cambios en su cuerpo físico –repentinos aumentos o disminuciones de peso, retención de líquidos, rechazo de alimentos que disfrutaron durante mucho tiempo, etc.– o descubren que situaciones o cosas que antes las divertían ya no lo hacen.

La explicación es que somos seres que evolucionamos y que en este momento nos estamos transformando, volviendo a nuestro cuerpo cristalino original.

El doctor Richard Gerberg, licenciado en medicina por la *Wayne State University School of Medicine*, dice en su libro *La curación energética*:

> *Existen en el cuerpo físico y en los cuerpos sutiles diversas estructuras cristalinas similares al cuarzo. En el cuerpo son las sales celulares, los tejidos grasos, la linfa, los glóbulos rojos y los blancos y la glándula pineal. Estas estructuras cristalinas forman en el organismo un sistema completo, no identificado ni entendido adecuadamente todavía por la medicina*

*moderna. Las estructuras cristalinas funcionan mediante resonancia por afinidad.*

*Estas propiedades cristalinas son estaciones repetidoras por donde penetran en el cuerpo físico muchas energías etéreas. Así resulta posible una distribución equilibrada de diversas energías con sus frecuencias correctas que estimulan la eliminación de las toxicidades para promover la salud. Una revelación interesante que se deduce de estas manifestaciones es el hecho [de] que los seres humanos son en cierto sentido cristales vivientes. Los sistemas biocristalinos tienen una intervención íntima en la mediación de los influjos de energías vibracionales superiores hacia el cuerpo.*

En este proceso de transformación se producen muchos síntomas a los que muchas veces no les encontramos explicación y que no son más que las señales del cuerpo que está volviendo a activar su estructura cristalina.

Hemos notado que, en la mayoría de los casos en los cuales nos consultaron jóvenes o adultos con estos síntomas, no se habían encontrado causas físicas para estas sensaciones y malestares en los estudios médicos que habíamos recomendado.

## LAS SEÑALES DEL CUERPO. RECOMENDACIONES

### La tensión nerviosa

A medida que los cristales de nuestro cuerpo se van transformando, podemos notar tanto molestias en el sistema nervioso como temblores o sensación de tensión.

El sistema nervioso cristalino segrega un compuesto bioquímico que alivia del estrés o de la experiencia del temor: se desintoxica al cuerpo de los recuerdos de estrés o tensión nerviosa. Al finalizar este proceso recuperamos nuestra naturaleza tranquila y un flujo energético balanceado en las actividades diarias.

Emocionalmente, este cambio en el sistema nervioso nos permite vivir el momento, de tal modo que los temores sobre el futuro y las lamentaciones sobre el pasado dejan de existir o de tener importancia, poniendo fin a la experiencia de la preocupación.

## La alimentación

En este proceso muchos seres requerirán de nutrientes específicos adecuados a la fase que estén atravesando.

A veces el cuerpo demanda alimentos grasos o mayor cantidad de proteínas (el queso y los huevos son una buena opción), ya que éstos permiten sostener la nueva vibración energética, al ayudarnos a estar enraizados en nuestros cuerpos físicos con más facilidad.

En otra etapa el cuerpo necesita desintoxicarse y liberarse de lo que ya no precisa, para construir una nueva estructura. Las toxinas que liberamos son numerosas y la mayoría se elimina a través de las glándulas de la transpiración y de los poros de la piel o se filtra a través de los riñones, del hígado y del tracto intestinal. Un melón diario durante seis semanas o una buena cantidad de uvas disuelven las grasas acumuladas en los conductos de estos tres órganos. Además, hay ciertas frutas, como el ananá y la papaya, que contienen enzimas útiles para romper viejas estructuras celulares.

Recomendamos comer frutas frescas y tomar jugos naturales en lugar de los envasados.

Sugerimos elegir alimentos "vivos", que contienen energía y fuerza vital. Alimentos frescos y preparados en el momento, no enlatados, congelados o almacenados por largo tiempo o cocinados en microondas. Cuanto más frescos, más energía proveerán al cuerpo para que éste pueda transformarse.

La razón por la que el cuerpo físico fluctúa entre el aumento y la pérdida de peso reside en que las células de grasa están funcionando ahora como transmisores de energía y también como receptores. Las células de grasa son una protección y nutren al cuerpo. Son poderosos protectores de los *chakras*. Si observan la zona del cuerpo en la cual está depositada la grasa tendrán una idea acertada del centro energético que está protegiendo. Es importante conectarse con el cuerpo y ver qué necesidades tiene y qué es lo que nos está "pidiendo" para el momento evolutivo que estamos transitando.

## Los baños de sol

En pequeñas dosis diarias, el sol puede eliminar bloqueos y "mucosidades" en el cuerpo etérico, que se acumulan como resultado de la continua transmutación de la forma y del campo energético.

Diez minutos de exposición al sol para cada lado del cuerpo (frente y espalda) es un tiempo adecuado para que este proceso de eliminación tenga lugar. Una buena forma cumplir con esta consigna es hacer una caminata diaria de veinte minutos. Conectarnos con el sol nos permite entrar en un estado de "atemporalidad" y comunión con la naturaleza y esto nos posibilita dejar ir aquello que ya no necesitamos en el momento que estamos atravesando.

## El cansancio y los patrones de sueño

Muchas veces los procesos de transformación tienen lugar durante el sueño. Por eso hay etapas en las que necesitamos más horas de descanso (nueve y hasta doce horas). Cuando el cuerpo cambia de vibración, en determinados momentos precisa más *chi* (fuerza vital) para sostener la nueva conciencia vibratoria.

Es posible que uno no pueda acumular el *chi* necesario en su cuerpo. La sensación que deriva de esto es un permanente cansancio o fatiga crónica. Practicar algún arte marcial, como el *tai chi chuan*, o yoga puede ayudar a generar más energía y a superar el cansancio originado por esta causa. Estas técnicas, entre otras, nos permiten generar y dirigir la energía a distintas partes del cuerpo.

Otra forma de superar la fatiga es salir a caminar. Durante nuestra caminata debemos inhalar durante dos pasos y exhalar durante otros dos. A través de la respiración volvemos a anclarnos en nuestro cuerpo y el caminar nos permite conectarnos en forma consciente con la tierra y regenerar nuestro cuerpo etérico.

Las caminatas diarias y la natación nos vuelven a contactar con la naturaleza y con sus elementos.

En otra etapa se pueden sentir grandes olas de energía que recorren el cuerpo desde la coronilla, provocando que uno se despierte dos o tres veces por noche.

Luego de esta etapa es posible que los requisitos de sueño cambien y que nuestro cuerpo funcione plenamente durmiendo entre cuatro y seis horas. En estos casos no es necesario preocuparse por dormir más, ya que poco a poco nos estamos acostumbrando al nuevo modelo.

## La amplificación de los sentidos

Es posible que comencemos a ver auras alrededor de las personas, de las plantas, de los animales y de los objetos. A medida que nos volvemos más sensibles, podemos ver formas o contornos en el aire, sobre todo cuando el cuarto está casi oscuro. También puede suceder que percibamos los colores en forma más vívida.

La audición puede aumentar o disminuir; tal vez escuchemos zumbidos o sonidos amplificados, que pueden llegar a causar dolor o molestias. Algunas personas oyen voces extrañas, sonidos de campanas, agua corriendo, tonos, música o patrones electrónicos. Esto ocurre a causa de que los oídos están ajustándose a nuevas frecuencias vibratorias.

También observamos mayor sensibilidad de los sentidos del olfato, del tacto y del gusto.

## Los sueños vívidos

La glándula pineal es una estructura cristalina que recibe la información del alma y de los cuerpos sutiles, en particular del cuerpo astral. A través de la glándula pineal la información pasa al hemisferio derecho del cerebro.

Cuando hay necesidad de alertar a la mente consciente en cuanto a esta información superior, el hemisferio derecho la expresa en forma de sueños, que luego son analizados por el hemisferio izquierdo, que trata de encontrarles un sentido. Durante la conversión cristalina los sueños llegan a veces a parecer tan reales que podemos despertarnos confundidos e incluso es posible que tengamos sueños lúcidos. Muchos sueños pueden aportarnos mensajes útiles para nuestro crecimiento espiritual.

En el supuesto de que no hagamos caso de los sueños es posible que el hemisferio derecho intente comunicar mensajes importantes al hemisferio izquierdo mediante la aparición de desequilibrios vibratorios y dolencias que afectan al cuerpo físico.

## El aumento de la sincronicidad

No debe sorprendernos que durante este proceso nos sucedan diferentes situaciones fuera de lo común, como, por ejemplo, pensar en alguien y recibir noticias de él inmediatamente o tener visiones súbitas que clarifican cuestiones relativas a patrones de conducta o eventos ocurridos en nuestro pasado. También podemos comenzar a despertar nuestra clarividencia, pasar por la experiencia de estar fuera de nuestro cuerpo y otros fenómenos psíquicos.

Cada vez más personas parecen recibir esta posibilidad de sentir información que toman a través de la escritura, de la pintura, de las ideas, de la comunicación, de la danza, etcétera.

## Las palpitaciones cardíacas

Normalmente la apertura del corazón viene acompañada de agitación y palpitaciones. Este proceso sólo dura unos momentos y significa que el corazón se está equilibrando después de una descarga emocional. Hemos conocido gente que durante este proceso ha llegado a sentir picazón, irritación o transpiración en el centro del pecho.

## La retención de líquidos

La Forma Cristalina requiere una tremenda cantidad de sal. La sal es un mineral que puede retener la vibración. La Forma Cristalina funciona para crear una vibración igual a través de la estructura celular. Esto se realiza al añadir sal a cada célula del cuerpo y a todos los sistemas de fluidos, incluyendo la sangre y la linfa.

No debe sorprendernos que durante el proceso de conversión cristalina sea frecuente ansiar la sal. A veces este proceso conlleva que el cuerpo retenga una cantidad de sal y de agua que parece extremadamente grande, haciéndonos sentir pegajosos y abotagados. Esta retención de agua usualmente ocurre justo antes de dar un salto hacia arriba en la vibración. El agua, al ser mineral, puede retener una vibración más alta. A veces, pues, la sal y el agua son retenidas para ayudar al cuerpo en su transición a una nueva vibración. En la medida en que mantengamos con facilidad la nueva vibración, el exceso de sal y de agua se liberará naturalmente del sistema.

## La falta de enraizamiento

Uno de los síntomas de la falta de enraizamiento es sentirse "disperso o confuso". También podemos estar ansiosos y en algunos casos tener sensaciones eléctricas en los brazos o en el torso. Si les sucede esto, sumerjan rápidamente sus manos y sus pies en agua fría.

También es posible padecer mareos. Esto ocurre, justamente, porque no se está anclado a la tierra.

Otra señal es perder la noción del tiempo o del espacio o el registro de las sensaciones normales de dolor, hambre, sueño, fatiga, etcétera.

Es muy importante una rutina adecuada de ejercicios, pero debemos realizarlos conscientemente, ya que el ejercicio compulsivo es un acto contrario al enraizamiento, pues hace caso omiso de las señales corporales.

Enraizarse implica reconectarse a la tierra o al suelo, para poder descargar el exceso de energía.

## *Algunas sugerencias para enraizarse*

1- Cerrar los ojos, conectarse con el centro energético del cóccix y visualizar la energía rojiza propia. Ver cómo desciende por las piernas hasta alcanzar los pies. Establecer un flujo de energía dorada que circule por la pelvis, las caderas, los muslos, las rodillas, las pantorrillas, los tobillos y pies. Luego, imaginar que de los pies salen raíces que llegan hasta el centro de la Tierra; sentirse firmemente agarrado al suelo.

2- Sostener objetivos a través de la autodisciplina, el orden y la organización y establecer una serie de rutinas diarias. Esto nos ayuda a mantenernos anclados y a enfocar la atención en el "aquí y ahora".

3- Mantenerse conectado a la tierra sacándose los zapatos y apoyando los pies en el césped.

4- Darse masajes en los pies. Los masajes son muy importantes, ya que nos ayudan a activar los centros energéticos inferiores y nos facilitan el enraizamiento; son recomendados en cualquier momento, en especial antes de dormir si tenemos dificultades para conciliar el sueño o en caso de que nos sintamos dispersos e imposibilitados de concentrar la atención.

5- Recordar que lograr un enraizamiento real puede llevar semanas, en particular si somos extremadamente sensibles. Cada trabajo psíquico o energético que realizamos, cada trauma emocional, etc., nos puede hacer perder este estado. Por eso esta práctica debe ser un estilo de vida y no un mero ejercicio circunstancial para salir del paso.

6- El tiempo de transformación es un momento particular en nuestras vidas y prestar atención a las necesidades del cuerpo, ya sea con relación al sueño, a la dieta, al ejercicio o a los baños de sol o de agua hará que el proceso sea menos traumático y con menos dificultades.

## A MODO DE CONCLUSIÓN

La estructura cristalina permite sostener más luz dentro del cuerpo físico. A medida que nuestra estructura celular se va volviendo cristalina se van eliminando y liberando todos los registros y cargas emocionales del pasado, llevándonos a un estado de mayor alegría y plenitud.

Al volvernos cristalinos somos más conscientes de cómo influimos en el entorno y nos vamos volviendo más considerados y respetuosos, hasta encarnar completamente el amor y la aceptación incondicional de todas las formas de vida de la faz de la Tierra. Al alcanzar este estado de conciencia todos los registros emocionales de dolor, enojo, vergüenza y miedo se van borrando de la estructura celular de todo el cuerpo. Entonces se podrán lograr más profundos y extensos períodos de felicidad, de amor y de unión divina. Los Niños Cristal vienen a ayudarnos, con su vibración y con su ejemplo, a que este proceso de elevación y transformación plena se plasme y se concrete.

## PALABRA DE CRISTAL

> *A veces nuestro cuerpo está a punto de dar a luz nuevas emanaciones vibracionales, un nuevo código o la estimulación de glándulas y nosotros lo abortamos. Debemos poner atención a todo lo que va en el sentido de la luz. Nunca subestimemos a nuestro cuerpo físico, ya que él ha albergado seres iluminados. Cuando el cuerpo llega a la pureza cristalina, la vibración se sostiene por el amor. Para comenzar debemos acompañar el proceso coherentemente, poniendo a tono el cuerpo físico y el cuerpo de luz.*
>
> Luciano

*Nos vamos al presente y al pasado, para "arriba" o para "abajo", pero nunca queremos estar aquí, excepto en los momentos en que nos sentimos útiles y haciendo algo valioso.*

*¿Saben cuál es la trampa?*

*Pensar que hay cosas que no son importantes. Debemos despertar el interés en todos los aspectos que nos toca transitar y no sólo en los que nosotros sentimos que valen la pena.*

Fernanda

*Capítulo 4*
# Los niños de la Vibración Cristal

## LA LUZ QUE LLEGA

Los Niños Cristal son los seres que formarán la masa crítica del futuro, permitiendo elevar al planeta a una vibración más armónica y estable. Su misión no es otra que la de expandir la conciencia de la humanidad: enseñarnos y salvarnos de nosotros mismos. Sin embargo, nosotros debemos, a la vez, ayudarlos a ayudarnos. Ellos conforman una gran red amorosa que está generando una vibración de contención para toda la humanidad. Son puros y traen menos corazas que las que estamos habituados a llevar como seres humanos, pero pueden quedar expuestos y, sobre todo, si no son comprendidos ni se los cuida adecuadamente, pueden sufrir una gran introversión o una gran perplejidad sobre su existencia en esta tierra.

Estos niños tienen clara su misión; sólo necesitan recordarla en el momento propicio. Son seres frágiles, pero de una gran fortaleza interna; son sensibles; su fe es inamovible. Aunque a veces lo parezcan, no son débiles, ya que en su sensibilidad radica su fortaleza. El poder que ejercen no proviene de la fuerza bruta sino de su determinación firme y de una intención sostenida y clara como el cristal.

Se reconocen parte de un conjunto de seres, porque tienen conciencia grupal y saben que la evolución es un trabajo que se realiza entre todas las criaturas de la Tierra. No creen en falsos roles ni se apegan a las cosas de este mundo; es por eso por lo que saben darle a cada cosa su justo lugar. Como tienen un gran equilibrio interno, pueden armonizar con su sola presencia. Su corazón irradia calidez, armonía y sencillez.

Muchas discusiones potenciales serán desbaratadas por estos niños simplemente con entrar en escena, ya que rechazan la confrontación y muchas veces se quiebran emocionalmente cuando se encuentran en situaciones de ese tipo. No debemos confundir a un Niño Cristal con un niño pasivo. Por el contrario, los Seres Cristalinos son positivos y productivos, que buscan concretar sus objetivos. Tienen una velocidad tan rápida que se asemeja a la quietud.

Por su capacidad de percibir multidimensionalmente, pueden estar unidos y conectados con todas las cosas. Les es posible focalizar la atención en aquello que desean y potenciarlo.

Estos niños perciben fácilmente el miedo de los seres que se encuentran a su alrededor. El desafío se les presenta cuando son ellos los que sienten miedo y lo amplifican como el cuarzo a la luz. Eligiendo no invocar al miedo, ellos caminan sin hacerse notar, adoptando una actitud discreta, y generalmente se reservan de mostrar sus aptitudes públicamente. Esto les hará parecer, a primera vista, sumisos, pero no debemos malinterpretar esto pensando que no son poderosos.

## LA ENERGÍA CRISTAL: VIDA, LUZ, PASIÓN Y COMPRENSIÓN

Estos seres vienen a actuar, a modificar hasta lo que no existe, a transformar los viejos mecanismos de la culpa y del miedo. La experiencia física no les resulta fácil pero tienen un estado de ánimo positivo y sereno y una mirada compasiva.

Muchas veces pueden parecer autosuficientes. Cuando piden para ellos mismos, piden lo mínimo indispensable, pero sí piden para los demás: luchan para que todo sea lo más equilibrado posible.

La responsabilidad de estos seres es muy grande y esto a veces los desestabiliza, porque temen no tener la fuerza suficiente para generar los cambios necesarios para que la humanidad evolucione.

Por sus aptitudes telepáticas, muchas veces llegan a comunicar su nombre a sus padres antes de nacer o simplemente son escuchados por sus abuelos u otros familiares.

Su característica más distintiva es una mirada tan intensa y profunda que parece que todo lo ve, hasta los secretos de nuestra alma. Sus ojos emanan una pureza incomparable y una sabiduría proveniente de miles de millones de años. Cuando conectan sus ojos con los nuestros, da la impresión de que nos estuvieran atravesando. Uno ve y siente que su sabiduría es aún mayor que la de jóvenes o adultos. Ésta es una de las razones por las cuales pueden tardar mucho en hablar: se comunican a través de su mirada. Muchos padres han dicho: "Los ojos de mi hijo me han hipnotizado". Son muy atrayentes, ya que a través de los ojos nos mandan mensajes de amor.

Es fácil detectar a un Cristal porque, aunque no quiera, no deja de brillar y todos pueden notarlo. El desafío de los Cristal es completarse, pulirse y lograr que su ser luminoso se manifieste en toda su plenitud.

Cada Bebé Cristal tiene un don curativo. Si lo descubrimos y podemos acompañar a ese niño, seremos capaces de ayudarlo a desarrollar todo su potencial.

## LAS CARACTERÍSTICAS DE LOS NIÑOS CRISTAL

Enumeraremos a continuación las características de los Niños Cristal (algunas de ellas las enunciamos ya en el Capítulo 1):

- Su función es la de ser pacificadores. Son tranquilos y gentiles. Irradian paz.

- Tienen una fuerza interior extraordinaria y lideran a través del ejemplo.

- Se callan y se retiran si hay conflictos. Tienden a evitar la confrontación y armonizan naturalmente la energía que los rodea.

- Hablan con pocas palabras, pero muy profundas, y sólo si se lo piden.

- Son gentiles y prudentes. Serán capaces de decir lo que necesitan, lo que es bueno o no para ellos.

- Tienen habilidades psíquicas desde su nacimiento. Son telepáticos y prueban los límites psíquicos.

- Son muy afectuosos con la gente; perciben sus necesidades.

- Necesitan pasar tiempo solos. No viven bien en grupos, pues muy pocos entienden su necesidad de soledad. Buscan la comunión con la naturaleza.

- Simplemente no entienden la "inhumanidad del hombre hacia el hombre": guerra, avaricia, etc. Pueden sentirse fácilmente abrumados por todo eso.

- Son extremadamente sensibles a todo en su ambiente: sonidos, colores, emociones negativas en otros, olores, comidas, productos químicos, la sensación de "estar vestido", violencia, el dolor de otros, la conciencia de grupo, las frecuencias electromagnéticas, los destellos solares.

- A menudo evitarán multitudes, centros comerciales o lugares con demasiadas energías diferentes. Si el entorno es extremadamente intenso o violento, se retraen, se desconectan y se protegen.

- A veces sus características se pueden confundir con autismo.

- Sus padres han tenido algún tipo de experiencia psíquica con ellos antes de su nacimiento. Con frecuencia les han dicho su nombre y sus padres lo han oído como en persona.

- Milagros y magia suceden a su alrededor (por ejemplo, curaciones que ocurren naturalmente).

- Son extremadamente empáticos, hasta el punto de saber lo que un desconocido está sintiendo.

- Tienen inocencia y pureza; les falta malicia.

- Se abstienen de mostrar sus emociones por miedo a su amplificación y a su pérdida de control, por lo que pueden parecer impasibles o sin sentimientos.

- Tienen una conexión limpia con su Yo Superior, accediendo naturalmente a su guía interior. Por esto saben la verdad de la unidad espiritual.

- Tienen un buen equilibrio *yin-yang*, es decir, integran a la vez las energías masculinas y las femeninas. Pueden armar y desarmar aparatos eléctricos (radios, televisores, ordenadores, etc.); éstos se pueden "quemar" al contacto con ellos.

- Responden bien al trabajo corporal, al masaje o al trabajo energético realizado por alguien que está equilibrado.

- Requieren mucha agua pura y a menudo prefieren alimentos orgánicos frescos.

- Sienten un amor profundo por los niños y por los animales. Tienen una forma extraordinaria de conectarse con todas las criaturas.

- Aunque normalmente son tranquilos, otros los admiran y se sienten atraídos por ellos como por un imán. Tienen profundas y largas relaciones con aquellos que les ofrecen el amor incondicional que los Cristal saben que es el único amor verdadero[1].

Por favor, recuerden que estos atributos no son exclusivos de los Niños Cristal, ni todo Niño Cristal exhibe necesariamente todas las cualidades arriba mencionadas.

---

[1] Compilación realizada a partir de los trabajos de Sunfell, de la Fundación Indi-go y, sobre todo, de Sharyl Jackson.

## PALABRA DE CRISTAL

### *NO HAY MEJOR DEFENSA QUE NINGÚN ATAQUE*

*A primera vista, los Cristal parecen indefensos.*

*Es porque* **lo están.**

*De hecho, no se defienden.*

*Y no es por vagancia.*

*Ni por cobardía.*

*Ni por represión.*

*Es porque no necesitan defenderse.*

*Saben que toda defensa es inútil.*

*Que toda defensa es un gesto de debilidad.*

*Y hacen de su vulnerabilidad su fortaleza.*

### *LA EDAD DE LOS PORQUÉ*
### *[MEJOR NI PREGUNTES]*

*Pero –defendiéndose o no– el Cristal sigue sin encontrarle sentido a la agresión que sufre.*

*A "las cosas que se hacen entre ellos los que se llaman a sí mismos humanos".*

*Y no hay en esto juicio alguno.*

*"¿Por qué hacen lo que hacen?" es un cuestionamiento que muy frecuentemente el Cristal se hace a sí mismo, o al Universo…*

*Es entendible: por increíble que parezca,* **el Cristal cree que todos los demás son Cristal**.

*Embriagado como vive de amor incondicional por todo lo que existe, ve el reflejo de su propia luz en cada uno de ellos.*

*Y, como está unido al Todo, ve la potencialidad infinita de cada uno.*

*Pero –¡ay!, error fatal...– la confunde con la realidad manifestada...*

*Más simple: ve a Dios en su prójimo.*

*En todos.*

*En cada uno.*

*No entiende –simplemente, no entiende– cómo, siendo Dios, hacen lo que hacen.*

*"Dios no hace esas cosas...", murmura para sí mismo, intrigado.*

*Y la intriga se le vuelve pregunta.*

### **PELIGRO: PREGUNTAS DE CRISTAL [LA CURIOSIDAD MATÓ AL GATO]**

*Bien formulada, toda pregunta –como dice el Tao– engendra en sí misma su respuesta.*

*Y la hace innecesaria.*

*Sin juicio.*

*Ni prejuicio.*

*Ni porqué.*

*Así "¿Por qué son tan egoístas?" se transforma –Cristal mediante– en "Son tan egoístas...".*

*"¿Por qué no se amigan entre todos?" en "No se amigan entre todos".*

*"¿Por qué hacen lo que hacen?" queda "Hacen lo que hacen".*

*Y "¿Por qué son como son?",* ***"Son como son"***.

*Así, el Cristal descubre lo que son.*

*Así, el Cristal descubre lo que es.*

*La aceptación le enseña que –en este planeta de libre albedrío–* **cada quien elige**.

*Y en esa elección puede estar el alejarse, el no-ser.*

*Es parte del riesgo del Juego.*

*Descubre –entonces– que preguntar de más es detenerse en su camino.*

*Demorar su Misión.*

*Y acepta.*

*Un Cristal comprende tardíamente que no tiene sentido hacer preguntas tontas.*
*Un Cristal comprende tardíamente que no tiene sentido hacer preguntas.*
*Un Cristal comprende tardíamente que no tiene sentido hacer.*
*Un Cristal comprende tardíamente que no tiene sentido.*
*Un Cristal comprende tardíamente que no tiene.*
*Un Cristal comprende tardíamente que no.*
*Un Cristal comprende tardíamente qué.*
*Un Cristal comprende tardíamente.*
***Un Cristal comprende.***

## *ALFA Y OMEGA*
### *[HUBIÉRAMOS EMPEZADO POR AHÍ…]*

*Y así como no entiende el odio, el Cristal tampoco entiende el desamor. Por qué no lo quisieron, por qué no lo aceptaron, por qué lo abandonaron…*

*El Ángel, paciente, le cuenta de Moisés y de por qué su nombre significa "salvado de las aguas".*

*Le explica de las pruebas, de las experiencias que determinados Obradores de Misión tienen que atravesar, como parte de su "entrenamiento".*

*El Cristal, lenta, dolorosamente, va comprendiendo que quienes lo abandonaron hicieron lo mejor que podían hacer: dejarlo solo, cancha libre, para que descubriera su verdadero potencial.*

*"Los árboles más altos no crecen juntos, los planetas no se amontonan…", susurra calmo el Ángel en su oído.*

*Y, entrecortado por los sollozos que le sacuden el pecho, el Cristalito gime: "¡Es que me duele…! ¿Por qué, por qué no me han amado…? ¿Por qué no me han podido amar?".*

*Y el Ángel le muestra con ojos humanos que nadie puede practicar lo que no sabe.*

*O que sabe pero que se ha olvidado.*

*O que sabe y lo han obligado a desaprender…*

*"Tal vez sea mucha pretensión el querer aprender lo que viniste a enseñar, ¿no te parece?", le dice el Ángel mientras sonríe; y su sonrisa es toda la paz, la sabiduría, la alegría…*

*El Cristal comprende en ese instante –sorprendido de por qué no pudo verlo antes– que el sembrador, la tierra, la semilla y la espiga son Uno.*

*Y que la Cosecha sólo es cuestión de* tiempo...

Jorge Balbi

*Capítulo 5*
# La guía de la luz

## CÓMO RECONOCER A UN CRISTAL

### ¿Todos los niños psíquicos son Cristal?

Definitivamente no. Es muy probable que muchas personas confundan a un Niño Cristal con un niño psíquico, ya que todos los Niños Cristal tienen las capacidades de esta índole ampliamente desarrolladas. Pero la cualidad más distintiva de un Cristal no es ésta sino su determinación, su claridad de objetivos, su dirección definida, como si todo el tiempo estuviera viendo un mapa. No duda y sabe compatibilizar equilibradamente la claridad, la voluntad y la paciencia. La diferencia con respecto a un niño psíquico que no es Cristal radica en que cuando está correctamente equilibrado y enraizado puede manejar este don sin quedar inmerso en lo fenomenológico o en la confusión que estas capacidades provocan. El Niño Cristal luchará y pedirá enérgicamente a su entorno que no haga un culto de algo natural. Es muy importante distinguir entre unos y otros ya que, si estamos acompañados por un Niño Cristal y no nos damos cuenta de la diferencia, sentirá nuestra incomprensión y una profunda tristeza por ello. Cabe recordar que, si bien los Niños Cristal son sensibles y hasta frágiles, son muy concretos. Muchos padres corren el riesgo de quedarse atrapados por sus cualidades psíquicas como su característica más saliente, cuando para ellos éstas son lo menos importante, puesto que no denotan ninguna virtud.

Hemos observado muchas veces que tanto padres como educadores se sienten perplejos ante los relatos y descripciones estos niños. Pero los que se sorprenden aún más son los propios niños.

Florencia, una joven de diecisiete años con desarrolladas cualidades psíquicas, nos cuenta que a los cinco años se levantó una mañana y le dijo a su madre que en la casa de uno de los vecinos del pueblo en ese momento estaban robando. La madre, asustada, le contestó: "¡Otra vez con estas cosas raras!". La niñita le insistió, a lo que la madre le respondió: "¡Por favor, no lo repitas más! ¡Es muy feo desearle el mal a alguien!". Cuando salieron al pueblo para hacer las compras, pasaron por la puerta de la casa de un vecino y vieron un auto de policía en la puerta. Florencia cuenta que hasta el día de hoy recuerda la culpa y la angustia que sintió en ese instante.

Son muy frecuentes los relatos de este tipo y la ignorancia de los padres normalmente deriva en un trauma. Cuando los niños se abren a contarnos sus experiencias, esperando una respuesta o al menos comprensión por parte nuestra, en general reciben nuestro asombro, nuestro miedo o, directamente, nuestra negativa a escucharlos. La falta de respuesta y la preocupación de los adultos, fruto de la ignorancia y del temor, terminan siendo proyectadas a los niños y absorbidas por ellos.

Recomendamos a los adultos que, para ayudar conscientemente

a los niños a recuperar su equilibrio, les pregunten qué es lo que están sintiendo o si el juego o actividad que están realizando les dio mucho trabajo. También aconsejamos en estos casos omitir los juicios de valor (por ejemplo, decirles que lo que están haciendo es muy lindo o muy feo), ya que nuestros juicios los pueden llevar nuevamente a poner el foco fuera de ellos. Permitirles reflexionar sobre sus sentimientos les vuelve a fijar la atención en ellos mismos y les permite conectarse con sus verdaderas necesidades.

## Las características psíquicas

El texto que sigue fue extraído del n.º 3 de la revista de la Fundación Indi-go, *Amerika Índigo*, correspondiente a diciembre de 2003. Tiene como objetivo que podamos reconocer las características psíquicas de estos niños para poder acompañarlos dándoles su justo lugar, teniendo en cuenta que todo Niño Cristal es psíquico pero que no todo niño psíquico es de Vibración Cristal.

> *"Una vez estaba yo pensando en ir al parque con mi hijo (¡le encanta el parque!), cuando él me dijo: 'Sí, mamá, vamos al parque ahora. ¡Bravo!' ", comenta una mamá de Guayaquil. "Me asusté un poco, porque estaba segura de que no había dicho nada y de que nada en mis actos indicaba que íbamos a salir. ¿Será que este enano de cuatro años lee mis pensamientos?".*
> 
> • *Otros niños avisan a su mamá sobre peligros: "No, mamá, no vayamos por allá"; "Mamá, por favor, no saludes al señor ni le des la mano; no te acerques, es todo plomo y negro…"; o comentan*

*cosas bellas como: "Mira, mamá, otra vez está aquí, ¿te acuerdas?, el amigo que te dije...", o "Mira, mamá, hay una luz dorada alrededor de Fulano".*

• *Otros niños te hablan de hechos y de lugares con mucha certeza, pero se trata de hechos que no son del presente o que suceden en lugares donde nunca han estado en su vida actual.*

• *Otra mamá pregunta a su hijo:*

*–¿Hiciste los deberes? –(la típica pregunta, en vez de: "Hola, cariño, ¿cómo estas?, ¿cómo te sientes? ¿Necesitas algo? ¿Todo bien?").*

*–Sí, mamá, hice todo con la abuela en la tarde.*

*–¿Con la abuela? –(voz asustada de la mamá).*

*–Sí, ¿cuál es el problema, mamá?*

*–Tú sabes muy bien que tu abuela ya falleció, se fue (con Diosito) hace dos años.*

*La lista es sin fin... Todos los días el Dr. Patricio Pérez, psicólogo de la Fundación Indi-go, recibe comentarios similares en los consultorios de Información y Atención Permanente de la Fundación (Quito, Ecuador).*

*Comenta el Dr. Pérez: "Al principio, como Fundación, evitábamos hablar de los talentos psíquicos de los niños, para no asustar, para que no se viera a los niños como seres extraños, y también para no en-*

*trar en temas sensacionalistas y preservar la privacidad de los niños y sus familias. Sin embargo, cuando nos dimos cuenta de lo común del asunto y de los problemas que los padres, así como los niños y jóvenes, enfrentaban al manejarlo, decidimos proveer información simple y "des-dramatizar" los fenómenos paranormales que hoy en día son muy normales, comunes y corrientes, debido al alza de percepción y de conciencia de los niños y jóvenes de la nueva generación".*

### ¿Cómo se los reconoce?

*Según los estudios del Dr. Patricio Pérez Espinoza (FI, 2003) los comportamientos más comunes de los niños psíquicos son:*

- *Contestan antes de que se les formule la pregunta.*

- *De antemano saben quién está llamando por teléfono o quién va a visitarlos.*

- *Perciben sin equivocación los campos energéticos y los sentimientos de los demás (por ejemplo, la tristeza, el enojo, la mentira, el engaño…).*

- *Casi todos (en varios grados) tienen contactos con entes de otros niveles, incluidos los difuntos.*

- *Sienten a distancia y se molestan cuando otra persona toca sus pertenencias. Algunos llegan incluso a alterarse demasiado. Así pues, madres de familia, ¡por favor, eviten entrar y tocar todo en los cuartos de sus hijos/as!*

- *Pueden interesarse en temas como: asuntos de telepatía, hablar con los animales, especialmente los delfines, comunicarse con seres de otras dimensiones; les encanta hablar de red y de unión.*

*Según un rápido sondeo de la Fundación (FI, julio de 2003), podríamos estimar que:*

- *Los Índigo podrían tener una habilidad psíquica de dos a cinco veces mayor que la de un adulto "común y corriente". Mientras más chiquito sea el niño, más habilidades tendrá. A menudo, a partir de los seis años, va perdiendo paulatinamente su sensibilidad psíquica.*

- *Los Niños Cristal tienen aún más dones psíquicos que los Índigo.*

- *Los niños netamente psíquicos, llamados internacionalmente "niños psíquicos" (sean éstos Índigo, Cristal, de la tercera o cuarta generación o de una categoría aparte, todavía están siendo investigados), tendrían habilidades todavía mucho más altas; algunos afirman que serían 100 % psíquicos.*

*Es importante entender bien los mecanismos de la percepción extrasensorial, incluso desde la etapa temprana y prenatal de los chicos de la nueva generación. Como explica Judy Hall en su libro* El arte de la auto-protección, *"La percepción extrasensorial es particularmente potente entre la madre y el bebé. Cuando estamos en el vientre materno, nuestro instinto nos revela lo que nuestras madres, y los otros miembros de la familia, piensan y sienten. En la mayoría de nosotros, esta facultad desaparece poco tiempo después de nacer. Sin embargo otros jamás la pierden; estas personas viven confundidas porque, por un lado, está lo que les dicen que deben aprender y, por otro, lo que les transmiten sus impresiones intuitivas. Algunos optan por anular su percepción extrasensorial o recluirse en su propio mundo interior y desconfiar de lo que les digan los demás. En cambio, si la percepción extrasensorial funciona plenamente, la persona se transforma en la pantalla de un radar, que recoge todo lo que se halla a su alrededor. De no existir una barrera sólida entre el mundo externo y ellos, estas personas se convertirían en esponjas psíquicas y absorberían los pensamientos y sentimientos del resto. Estos niños deberían, desde sus primeros años, aprender a proteger su psique para evitar así el agotamiento".*

**Qué hacer, qué no hacer** *(por el Dr. Patricio Pérez, psicólogo clínico, y la Dra. Sofía Pozo, psicóloga infantil de la Fundación Indi-go)*

*Un niño o joven psíquico es más sensible que los demás y responde más agudamente a las emociones transportadas por la energía. Entonces es prudente prestar atención a los siguientes puntos para que su crianza sea más armónica.*

*Los siguientes consejos son tomados en su mayor parte del* Psychic Studies Institute, *Houston, Texas:*

- *Exprese sus emociones honestamente: si no el niño puede sentirse perturbado;*

- *Explique al niño las eventuales emociones conflictivas de un grupo: si no el niño puede dudar de su propia estabilidad;*

- *Cuide el entorno emocional del niño, genere apoyo y genuino interés (aun si no es fácil entender lo que le pasa a su hijo), bríndele amor incondicional;*

- *Nunca tenga miedo frente a una experiencia extrasensorial, de su hijo o suya; escuche a su hijo con normalidad;*

- *Provea ropa de fibra natural a sus bebés, niños, jóvenes;*

- *Asegúrese de que sus hijos tengan suficiente ejercicio físico e intercambios regulares de energía con la naturaleza (éstas son las herramientas más seguras, sanas y naturales, sin efectos secundarios, y los más baratos de todos los remedios);*

- *Las personas sensibles deben limpiarse psíquicamente después de todo contacto de grupo (puede ser simplemente tomar una ducha o caminar descalzo por el césped) y deben "escudarse o protegerse" cuando se encuentran en entornos sucios, hostiles o demasiado cargados de energía.*

- *Finalmente, diviértase con su hijo/hija.*

### Recomendaciones para padres y docentes

*Todo esto es normal. Les pasa a muchos niños y jóvenes. Entonces hay que tomarlo con calma; lo más importante es no asustarse ni asustar al niño.*

*Sepa que el niño va a asimilar la reacción de la madre, padre o docente. Si usted lo toma con tranquilidad, el niño estará en calma y podrá manejar bien la situación; si lo toma con temor y preocupación, el niño va a preocuparse, pensando que algo está mal, que él está mal o que algo anda mal entre él y usted.*

*Evite mostrar expresiones de susto; no grite ni castigue.*

*Dele la importancia que el niño está dando a lo que vive, hasta si esto implica añadir un plato de comida para el amigo "imaginario" o arreglar otra almohada. Contactamos a niños que padecían de gran tristeza por no ser entendidos.*

*Sepa manejar los temores nocturnos u otros miedos a la presencia de seres desagradables. Si el niño presenta este tipo de visiones o miedos, debemos darle protección (física, mental, psíquica, emocional y espiritual), abrazos, contacto corporal; prender la luz (y dejarla encendida toda la noche si fuera necesario); quedarse junto al niño (en la cama de éste o en su propia cama, no importa la edad del pequeño); prender una vela o incienso; y, según sus creencias o religión, estar juntos y pedir protección y/o invocar la ayuda de los "seres de luz", para el niño, para la familia, para la casa.*

*Lo que no hay que hacer es: callar, negar, decirles que están locos, decirles que no hay nada aquí. Podemos así empeorar terriblemente la situación, bloquear al niño y hacer que pierda la confianza (en él mismo y en usted).*

*No se valga de los temores del niño para burlarse de él ni los utilice como medios de disciplina, para controlar al niño (o sea, no diga cosas como: "compórtate bien, si no va a regresar la bruja, el cuco, o 'X' a comerte de noche").*

*Si siguen los temores, se hace necesario investigar y aprender sobre este tema; consultar a un profesional terapeuta de su confianza, a algún experto de su ciudad, algún orientador experimentado. Es importante atender el asunto antes que tome proporciones demasiado graves.*

*Finalmente, considere que recurrir a un psiquiatra, quien podría medicar innecesariamente al niño/a y/o internarlo/a, sería preciso sólo en caso de extrema emergencia y desesperación.*[1]

## LAS DIFERENCIAS ENTRE UN NIÑO CRISTAL Y UN NIÑO AUTISTA

*"Quien regresa de la oscuridad debe traer algo de ella consigo y transformarla en luz. Debe aplicar su experiencia para escalar más y más alto y con mayor energía. Por consiguiente, quien regresa de la distancia es más grande que aquel que se mantuvo siempre cerca. Lo*

---

[1] Revista de la Fundación Indi-go, *Amerika Índigo*, diciembre de 2003, enservicio@datafull.com.

*importante no es dónde te encuentras sino con qué ímpetu te mueves y en qué dirección."*

*Menajem Mendel Shneerson,*
Trayendo el Cielo a la Tierra.

Los niños de la nueva generación llegan acompañados por las caídas de todas las estructuras obsoletas; para confeccionar un nuevo paradigma se necesita de una gran apertura y, sobre todo, de mucha flexibilidad de nuestra parte.

Con la llegada de los Índigo se generó una gran confusión con respecto al diagnóstico de la hiperactividad y del déficit de atención, que permitió cambiar la mirada y salvar a miles niños de ser medicados innecesariamente.

Con la llegada de los Niños Cristal se presentan nuevos desafíos. Hemos comprobado que un pequeño porcentaje de niños diagnosticados con autismo en realidad son niños de Vibración Cristal. Los Niños Cristal que poseen estas características, por basarse su forma en el cristal, por su hipersensibilidad y por su extremada vulnerabilidad, pueden tener sus cuerpos etéricos sueltos y, si no presentan un correcto anclaje, ante ciertos estímulos fuertes o dolorosos se ven empujados hacia otras dimensiones involuntariamente.

Consideramos un privilegio el poder trabajar con estos niños y de más está decir que es un verdadero placer ser testigos de cómo ellos transforman la oscuridad en luz.

La Lic. María José Torres (psicóloga, ex docente de la Universidad de Buenos Aires y ex supervisora de docentes del 1er. año del Hospital de Niños de Argentina) nos relata su experiencia en el *diagnóstico diferencial entre autista y Niño Cristal pseudo-autista:*

*Como psicóloga de niños y con más de veinte años de formación psicoanalítica y dedicada al tratamiento de niños psicóticos y autistas, en los últimos años mi tarea fue develando un nuevo tipo de pacientes que exigieron revisar y enriquecer mi formación teórica, hasta ese momento sólidamente establecida.*

*Comenzaré con una breve referencia acerca de las características del niño autista para luego entrar en el tema de los niños con Frecuencia Cristal.*

*A estos pequeños grandes maestros les debo la inauguración de una nueva etapa en mi profesión. Ellos abrieron nuevas puertas para que yo pudiese "salir a jugar", y el juego recién comienza.*

*Se está escribiendo una nueva página en la historia de la psicopatología infantil, y los profesionales que incursionamos en este campo tenemos la responsabilidad de dar testimonio de nuestra experiencia clínica como aporte a la problemática del diagnóstico diferencial, aporte que permita discernir entre niño autista y Niño Cristal "pseudoautista".*

- ***Un autista se hace***

*Un niño no nace autista: se hace. Construye una fortaleza entre su mundo interno y el mundo exterior, cortando toda comunicación con el entorno. Su conducta de aislamiento lo defiende del retorno de una primitiva angustia y lo protege de la intrusión del mundo externo, que es vivida como una violencia destructora.*

*Estos niños se caracterizan (según el psiquiatra inglés especializado en autismo Donald Meltzer) por su hipersensibilidad sensorial y por la gran complejidad de su funcionamiento mental, abrumante para el terapeuta.*

*Con gran conciencia del estado emocional de las personas a quienes se sienten intensamente ligados, estos niños "esponja" son muy vulnerables al dolor ajeno que generalmente habita en el entorno más inmediato.*

*Entonces: gran inteligencia, gran sensibilidad al estado emocional ajeno, tendencia al sufrimiento depresivo, también intensos celos posesivos con relación a su madre, pues manifiestan una manera muy primitiva de amar.*

*Estos niños sin capacidad de juego viven una cotidianidad "sin alma", como bien la describe Maud Mannoni (reconocida psicoanalista de niños, francesa), en la que ha cesado cualquier intimidad con los demás y cualquier deseo de comunicación.*

*El trabajo terapéutico con estos niños consistirá, entre otras cosas, en despertar en ellos una necesidad de hablar, atravesando ese mundo silencioso y cerrado. Este retraimiento constituye todo un misterio dentro del campo de la psicopatología y aún la ciencia no ha hallado tratamiento exitoso para su completa cura.*

*Es por esto por lo que muchas veces los psicólogos*

*especialistas tenemos que enfrentarnos con el dilema de si vale la pena correr el riesgo de aumentar la experiencia del sufrimiento que sabemos aparecerá ante leves mejorías, al romperse en el transcurso del tratamiento la coraza de invulnerabilidad que se fue construyendo de manera progresiva y que hasta entonces se vio preservada por la enfermedad.*

*Donald Winnicott (pediatra psicoanalista) nos habla de un sí mismo que lleva la memoria corporal de una angustia que está más allá de la capacidad que puede tener el niño de afrontarla, pues los mecanismos mentales para manejarla aún no han sido establecidos, y agrega: "Si se modifica el entorno de forma que se restaure el* statu quo ante *(es decir, antes del autismo) y si un largo período de seguridad parece devolver la confianza al niño, el resultado pasmoso es entonces la vuelta de la vulnerabilidad. Clínicamente esto significa trastornos agudizados, y resulta verdaderamente doloroso ver a un niño sufriendo de una manera que no existía antes, cuando el autismo estaba firmemente establecido. Por esta razón el trabajo terapéutico con los niños autistas es doloroso al máximo... y obliga al terapeuta a pensar constantemente: '¿Acaso vale la pena?'. No hay más que una débil posibilidad de curación; sólo se puede contar con una mejoría acompañada de un gran incremento en los sufrimientos que experimenta el niño".*

*Las conclusiones de Winnicott no son optimistas; su crudeza es corroborada en la práctica clínica de todo profesional especialista en el tema.*

*En lo que respecta a mi experiencia clínica personal, encaro esta situación con la convicción de saber que tengo la posibilidad y acaso el deber de intentar dar la palabra y escuchar lo que un niño pueda tener para decir (de la manera que fuese) acerca de su dolor. Ese dolor es revelador de una verdad que los padres ignoran y sólo con la emergencia de ese decir tendrá lugar alguna chance de constituirse como sujeto.*

*No sabré nunca a priori hasta dónde podré llegar, pero me animan el intento y las ganas de combatir lo mortífero que perturba al niño en su acceso a la vida.*

*Desde este lugar, para mí, es que "vale la pena", "pena" en su doble acepción: la de hacer y la de penar, pero sin que este penar me impida sostener mi posición y función como psicoterapeuta.*

*Hasta aquí una breve y rápida referencia acerca del autismo.*

*Pasaré ahora a detallar el comienzo de mi experiencia con los nuevos niños de este tiempo, de quienes se habla tanto hoy, pero cuya existencia entonces estaba aún lejos de conocer.*

*Todo comenzó con el primer niño que rompió las estructuras que yo conocía y marcó la diferencia con todo lo vivido y conocido por mí como profesional de estos casos anteriormente. Y detrás de él llegaron otros.*

- *Encontrando la llave*

*Alexis, así se llama, de tres años de edad, con desfasaje en el desarrollo lingüístico, apenas hablaba, comunicándose gestualmente.*

*Afectado en su capacidad lúdica, observaba en él rasgos de espectro autista, trastorno del desarrollo severo con dificultades en la socialización, prácticamente sin interacción con el otro, como refería el informe institucional que trajeron los padres. Presentaba también risas inmotivadas más relacionadas con sensaciones internas, típicas de los trastornos de la constitución subjetiva.*

*Había sido evaluado en una institución estatal, especialista en el diagnóstico de estos pacientes, y desde allí me fue derivado para el inicio del tratamiento psicológico correspondiente.*

*Su diagnóstico coincidía hasta ese momento con lo que mi ojo clínico también podía corroborar.*

*Tal como lo referí anteriormente, la primera etapa de tratamiento con niños autistas exige del terapeuta mucha paciencia y una gran tolerancia a la frustración, puesto que nunca se sabrá el tiempo que se necesitará para lograr una primera conexión con el niño, quien mantiene su fortaleza que lo separa del otro, ocupando el terapeuta el mismo lugar que un mueble dentro del consultorio. Es por eso por lo que con cada paciente no se olvida nunca el día en que por primera vez las miradas se encuentran, momento fundante de una nueva etapa en el tratamiento.*

*Comencé el trabajo con Alexis estableciendo un dispositivo propio para él. A esta altura tengo que agregar que, además de mi ejercicio profesional, soy investigadora de la civilización maya y estudiosa de algunos de sus calendarios, uno de los cuales se distingue por brindar información a través de determinados símbolos/glifos mayas de características ideográficas, es decir, cada glifo representa un conjunto de ideas y su estudio permite aprender a decodificarlos e interpretarlos.*

*Un día Alexis llegó y comenzó con su accionar acostumbrado: movimientos estereotipados sin demasiado registro de mi presencia en "aparente" juego que estaba aún muy lejos de constituirse como tal, llevado a cabo de manera solitaria.*

*Antes de su llegada yo había estado leyendo material maya que quedó sobre el escritorio, incluyendo una brújula con veinte glifos.*

*El azar o la conspiración cósmica dejó esa brújula al alcance de la mirada de Alexis. Clavó sus ojos en ella y una gran transformación se produjo en la expresión de su rostro. Una expresión que nunca antes había visto en él. Se quedó contemplando largo rato los dibujos de la brújula, extasiado, sin atreverse a tocarla.*

*El tiempo se detuvo. Mi experiencia me indicaba que un encuentro se estaba produciendo, pero esta vez no era con mi persona, como venía esperando, sino con un sistema de codificación.*

*Los ojos de Alexis saltaban de un glifo a otro, en un silencio que gritaba su júbilo. Era la primera vez que veía en él tamaño interés por algo externo. Y en un instante supe que lo que estaba aconteciendo inscribía el "nacimiento" de "algo" que aún estaba lejos de comprender.*

*Acompañé el viaje de su mirada en ese momento eterno, nombrando en lengua maya cada glifo. Al rato, su dedito me iba señalando lo que quería escuchar. Se había iniciado el diálogo entre nosotros.*

*Pasaron las sesiones y Alexis, apenas llegaba, rápidamente iba al encuentro de la brújula, mostrándome que esa escritura ideográfica resonaba en él de una manera muy particular, manifestando una gran sensibilidad y conexión con los códigos mayas, que ocuparon un lugar de privilegio en su caja de juegos. Cada tanto me miraba, con una mirada intensa, sabia y profunda, penetrando mi alma.*

*Esa brújula constituyó el puente para que la comunicación y el vínculo terapéutico se inauguraran. También fue la llave que abrió puertas desconocidas de su mundo interno.*

*Alexis progresaba día a día, saliendo de su coraza, pero, a diferencia de los niños autistas, no hubo en él recrudecimiento de la angustia tal como lo planteé en la primera parte de este texto. Y esto ya marcaba una primera y fundamental diferencia.*

*La apertura de su coraza dio paso a un niño con facultades que hasta ese momento estaban dormidas, abriendo cada vez mayores interrogantes en mí, en relación con su primer diagnóstico.*

*Despertó el mundo simbólico y los números y letras también ocuparon su interés, enriqueciendo su lenguaje comunicacional. Rápidamente se alfabetizó, en un proceso que no coincidía en absoluto con los pasos previstos desde la teoría del aprendizaje estructuralista vigente actualmente en el campo educativo.*

*La alfabetización irrumpió sin pasar por las fases conocidas y esperables: presilábica y silábica, y prácticamente sin errores de ortografía. Su velocidad de lectura era sorprendente, inclusive con la hoja al revés.*

- ***De "autista" a investigador***

*El "autista" se transformó de la noche a la mañana en un pequeño investigador fascinado por lo que tenía ante sus ojos, preguntando todo lo que se le ocurría acerca de los glifos mayas e interactuando con ellos, marcando sus preferencias.*

*Sus apreciaciones coincidían notablemente con el conocimiento maya y los primeros trazos hechos sobre una hoja de papel fueron para dibujarlos, superando así la resistencia que hasta entonces le producía la hoja en blanco.*

*Y también aparecieron facultades latentes: memo-*

*ria, capacidad de análisis, síntesis y conclusiones notables acerca de un conocimiento maya sumamente complejo abordado por este pequeño investigador desde lo global a lo particular.*

*Daba la impresión de que ya sabía todo eso y que sólo estaba recordándolo.*

*Por mi parte, debía controlar mi fascinación por este pequeño sujeto que iba naciendo y que rompía viejos esquemas conocidos.*

*Y nuevamente la causalidad obró para que en el momento preciso me llegara información acerca de los niños Frecuencia Índigo y Cristal, que coincidía plenamente con lo observado en Alexis, tanto como contrastaba con el primer diagnóstico de autista.*

*Me dediqué al estudio e investigación conectándome con otros profesionales que ya estaban en el tema, entre ellos Sandra Aisenberg y Eduardo Melamud.*

*Conocer sus investigaciones y técnica de decodificación de memoria celular me permitió enriquecer notablemente mi práctica profesional.*

*Alexis tuvo varias sesiones con ellos y la técnica nos posibilitó limpiar sus traumas emocionales, desbloquear sus dones y corroborar su Frecuencia Cristal, lo que nos permitió cortar camino y avanzar más rápido en el abordaje terapéutico.*

*El trabajo con él continúa; mi formación en los nuevos paradigmas también.*

*Habrá que acompañarlo un tiempo más para optimizar su inserción escolar y ajustar el criterio pedagógico a sus potencialidades, y también acompañar a sus padres, cuya tarea es imprescindible para el fortalecimiento de su campo emocional.*

- **El desafío profesional**

*Alexis fue "mi" primer Niño Cristal con diagnóstico de pseudoautismo; detrás de él llegaron otros.*

*El gran desafío que debemos afrontar los profesionales de la salud de niños y adolescentes de este tiempo es atrevernos a ejercer una revisión de todo lo aprendido en nuestra especialidad, pues los viejos parámetros de evaluación en las áreas de psicopedagogía y psicología infantil no nos están alcanzando para el abordaje de las nuevas estructuras psíquicas que vienen llegando, cuyos procesos de maduración y evolución ya no responden a las tablas y test tradicionales ni a la visión clínica de antaño, dado que las características de estos niños no se adecuan a una tipología de desarrollo conocida.*

*De ahí la necesidad de profesionales capaces de realizar un muy buen diagnóstico diferencial, pues de lo contrario el niño queda atrapado en una falsa mirada, que puede alejarlo para siempre de su verdadera esencia.*

*El arte del diagnóstico es discriminar, distinguir, discernir entre un síntoma psicopatológico que responde a un tipo de neurosis o psicosis clásico y trastornos de conducta que esconden facultades especiales bloqueadas. Para ello es necesario incursionar en el conocimiento de lo nuevo, de lo que está aconteciendo ahora, y formarse como profesional en el abordaje de estos niños, que tiene que darse de manera holística para llegar a los mejores resultados.*

*A esta altura las sesiones de Alexis incluyen material que favorezca el despliegue de sus sentidos (aromaterapia, música con diferentes claves tonales, contemplación y pintura de mandalas, etc.) y sus facultades.*

*El ofrecimiento de estos diferentes estímulos está al servicio de conocer sus preferencias y con cuál de ellos sintoniza mejor.*

*La música de delfines tiene un rol protagónico en nuestro trabajo. La primera vez que la escuchó manifestó el mismo éxtasis que cuando vio los glifos mayas. Detuvo su actividad y se quedó largo rato con su mirada fija en el CD, con gran satisfacción.*

*Actualmente los delfines y su sonar son sus preferidos y siempre pide "a nuestros amigos los delfines" como telón de fondo de nuestro trabajo.*

*E invariablemente habrá un instante en la sesión en que detendrá la actividad para disfrutar y conectarse exclusivamente con ellos como si una intensa y privada comunicación se estableciera. Entonces un estado de intensa paz y armonía llena el ambiente. Sonríe complacido y vuelve al juego.*

*También se destacan los notables progresos en motricidad gruesa; aprendió a andar en bicicleta y esto marca otra diferencia diagnóstica importante: los niños autistas tienen serios problemas con el equilibrio y con el manejo del esquema corporal en el espacio.*

*En palabras de su docente, "Alexis me lee", lo que a veces la perturba.*

*Ya no me sorprende cuando informa de un viaje mío a su madre antes de que yo me entere de que voy a viajar; sé que su "antena" lo captó antes.*

*Siguen sus reflexiones, que demuestran sabiduría y riqueza emocional, como la de aquella vez en que, luego de mirar fotos de su madre embarazada de su hermano mayor, irrumpió en llanto, preguntando una y otra vez dónde estaba él entonces. En sesión retornó la inquietud, pero, ya más sereno, agregó: "Mi mamá no entiende. Yo quiero volver al lugar donde estaba antes de nacer; por eso lloraba".*

*Respuestas como ésta exigen gran apertura de escucha, y estas palabras pudieron ser dichas recién cuando el niño pudo confiar en la capacidad del adulto para comprenderlas.*

*Los adultos tenemos el compromiso de conocerlos, para acompañarlos de la mejor manera en esta singularidad que los distingue, para que puedan canalizar esa gran sensibilidad e inteligencia y cumplir así la enorme tarea que tendrán en el futuro de la humanidad. En muchos casos, diagnósticos como síndrome de hiperactividad, deficiencia de atención, autismo, pueden significar para muchos padres el final de una historia, y para un niño, el final de sus facultades dormidas.*

*Alexis fue el primer niño Frecuencia Cristal que conocí. ¿Hubo otros en el pasado que no pudieron despertar porque yo aún estaba dormida a los nuevos paradigmas? ¿Cómo saberlo?*

*Un viejo refrán dice: "El maestro llega cuando el discípulo está listo", y estos pequeños maestros llegaron en el momento preciso.*

*Ahora voy por la vida encontrándolos a cada paso, a ellos, los nuevos niños de este tiempo.*

*Nos miramos y nos reconocemos de inmediato.*

*Ellos saben que pueden contar conmigo para lo que necesiten y yo sé que puedo contar con ellos para seguir aprendiendo.*

*Y entonces… acontece la magia.*

## PALABRA DE CRISTAL

*Éste es un momento en el que debemos dejar atrás viejas cargas y comenzar a brillar con toda la luz de nuestro corazón. Estuvimos esperando mucho tiempo y ha llegado el momento de accionar. Sólo hace falta conectar con el corazón y dejar fluir lo que llevamos dentro. Todos los sufrimientos que hemos pasado para llegar hasta aquí cobran sentido sólo si llegamos hasta el final.*

*La Energía Cristal es grupal; por lo tanto, el salto evolutivo será en grupo. En estos tiempos los Cristal buscamos estar más unidos para poder sostener la energía y el compromiso en forma ininterrumpida.*

*En las esferas celestiales el cambio vibratorio ya está dado; se necesita mucha valentía para poder sostener algo tan incoloro y sin forma. Si tenemos fe vamos rumbo a la unión de nuestra esencia. Alinearse es cumplir con la voluntad de nuestra conciencia, que refleja uno de los aspectos de la Gran Conciencia.*

*Desde la Luz.*

Maia

*Capítulo 6*
# Códigos Cristal

## LA AFINIDAD CON EL MAR

Hemos visto que la mayoría de los Seres Cristal tiene una profunda afinidad con el mar.

Esto se debe a que el mar es Energía Cristalina en movimiento y los atributos del mar sanan el corazón y dan fuerzas.

En capítulos anteriores nos hemos referido a las características del agua y de la sal. Algunos investigadores han comprobado que la solución salina es luz de sol líquida portadora de los biofotones más puros.

Se dice que la vida comenzó en el mar. También, antes de nacer, hemos pasado nueve meses en el líquido amniótico, dentro del útero, líquido que es una solución salina perfecta, con 37 grados de temperatura.

En su libro *Escuela de la Nueva Moneda, pedagogía transdiciplinaria*, el Dr. Lino Budiño dice: "El agua de mar posee minerales fundamentales para el óptimo desarrollo físico y psíquico de las personas y, a través de su combinación con la arena de playa y el sol, se logra la integración de un campo magnético natural que estimula las funciones del organismo y despierta los vórtices de energía internos".

El agua de mar armoniza los cristales de nuestro cuerpo, los purifica y los programa para poder recibir y asimilar nueva información. Limpia viejos patrones y permite establecer una renovación en todos los planos. Es por eso por lo que los Cristal se sienten felices cerca del mar.

## SERES CRISTAL Y DELFINES

> *"Al delfín le fue dado el don de la lengua primordial, el conocimiento de que toda comunicación es a la vez una forma, un patrón y un ritmo en el sonido. Y él utiliza este conocimiento para establecer el vínculo entre los niños de la Tierra y el Gran Espíritu."*
>
> Lic. Adriana Di Marco

Una de las cosas que tienen en común los Niños, Jóvenes y Adultos Cristal es su predilección por los delfines. Hemos conocido algunos que incluso tienen imágenes de delfines en su cuarto o en un collar o que se han retratado nadando con ellos. Mucho se ha investigado acerca de la capacidad sanadora de estos cetáceos. Pero confesamos que hemos quedado sorprendidos cuando profundizamos en la información acerca de ellos y vimos las similitudes que tienen con los Niños Cristal.

Un importante número de investigadores ha comprobado a través de encefalogramas que, después de haber tenido la experiencia de nadar con delfines, ambos lados del cerebro entran en sincronía. También se han llevado a cabo análisis de sangre antes y después de tal interacción, encontrando cambios en las hormonas y en las enzimas.

En un artículo sobre delfinoterapia[1], la Lic. Adriana Di Marco dice:

> *Los delfines tienen la sensibilidad acústica de oír diez veces más que nuestro radio de alcance. Cuentan con un mecanismo resonante muy sensible denominado "sonar", que constituye un ingenioso detector de las frecuencias más sutiles; con esta sensible habilidad bioacústica, son capaces de proyectar hologramas sónicos en otros organismos vivos. La información contenida en estos hologramas es recuperada a continuación por otros delfines, lo que les permite crear un sistema de memoria externo a ellos mismos.*
>
> *Los delfines mantienen un estado alfa casi permanente, así como una actividad cerebral de baja frecuencia, o sea, el denominado "nivel alfa", el mismo que transmiten a los humanos, y, como ya se ha podido comprobar, este estado de paz y tranquilidad aumenta las endorfinas, que son las hormonas de la felicidad, produciendo cambios químicos favorables en las personas.*
>
> *Además de la apertura de los canales de percepción humana, la tarea principal de los delfines es activar y conectar el chakra del tercer ojo y el cardíaco. Esa alegría e inocencia que ellos despliegan a través del*

---

[1] Véase www.holistica2000.com.ar/speachdelfino.htm.

*juego tiene en verdad como objetivo la activación del chakra cardíaco, hasta tal punto que se provoque un despertar espiritual. De ello puede dar sobradas explicaciones y aseveraciones el doctor e investigador inglés Horace Dobbs, autor de varios libros, entre ellos* Dolphin healing.

*Aparte de las capacidades clarividentes que los delfines son capaces de despertar o expandir dentro del ser humano, también pueden sanar. Con sus sentidos tan desarrollados pueden fotografiar el aura humana, detectar bloqueos y fugas de energía y repararlas al instante, ya que son capaces de captar y procesar una energía casi imperceptible para nosotros. A través de su contacto telepático ayudan a desacralizar viejas estructuras mentales de conducta.*

*La realidad es que, más allá de métodos y técnicas, hubo casos en que los cambios que evidenciaron los pacientes fueron confirmados por médicos, terapeutas y psicólogos de todas partes del mundo.*

*"Parece que los delfines jugaran, pero ellos están observando y nos ven como si tuvieran rayos X, y detectan el problema. Hubo un caso de una joven que estaba jugando en el agua con los delfines y constantemente uno la golpeaba debajo de una de sus costillas. Al salir del agua, la hicieron revisar por los profesionales, comprobando que tenía un tumor en la zona golpeada. El delfín había marcado el problema".*

*Los delfines traen a la conciencia cosas que uno tiene dormidas en el subconsciente y que afectan nuestra vida cotidiana. Por ejemplo, hubo un caso*

> *de un psicólogo que estaba nadando con un delfín que paulatinamente comenzó a ponerse más que mimoso. El psicólogo se asustó mucho y se sintió intimidado, hasta que recordó una situación de su infancia, cuando había sido víctima de un intento de abuso deshonesto. En el mismo instante en que recordó el hecho, el delfín dejó de comportarse de esa forma y continuó jugando normalmente. Traer al consciente ese trauma le posibilitó conocerlo y, en consecuencia, superarlo espontáneamente.*

Como los Cristal, los delfines comparten lo que saben; ellos no guardan secretos ante sus compañeros. Esto revela el grado de evolución en que se encuentran.

Los delfines ayudan a los humanos a abrirse. Esto tiene que ver con la entrega y con la confianza. Su actitud no tiene interrupción; por ello es efectiva.

Es sorprendente la profunda atracción entre los Niños Cristal y los delfines: ambos tienen conciencia de grupo y capacidad de armonizar nuestra energía con su sola presencia; comparten elevadas frecuencias vibratorias y son portadores de información que permitirá la transformación planetaria. Cuando un Niño Cristal se conecta con los delfines, inmediatamente activa su alegría y toma renovadas fuerzas para lograr sus objetivos

## EL LENGUAJE CRISTALINO

> *"Todos los seres y las cosas expresan una realidad oculta en ellos mismos, la cual pertenece a un orden superior, y son el símbolo de un mundo más amplio; en verdad,*

> *la vida entera no es sino la manifestación de un gesto, la solidificación de una palabra, que contemporáneamente ha cristalizado un código simbólico".*
>
> Federico González, autor de
> *La rueda, una imagen simbólica del cosmos.*

Son realmente asombrosas la cantidad y la calidad de los recursos que manifiestan estos nuevos niños con respecto a la comunicación. Es como si manejaran un código al cual sólo podremos acceder elevando nuestra propia vibración.

Recordemos el ejemplo de Alexis, relatado por María José Torres en un texto incluido en el Capítulo anterior. Este niño, erróneamente diagnosticado como autista, realmente comenzó su transformación cuando su psicóloga le enseñó los glifos del calendario maya.

También sorprende la fuerte atracción que tienen tantos niños por los mandalas, por las imágenes de delfines, por los símbolos sagrados, etcétera.

Es notable cómo un Niño Cristal les da un orden específico a sus propias pertenencias, ya que por medio de este orden establece sus propios códigos.

Anteriormente señalamos que los Niños Cristal son los encargados de dar el salto dimensional de la cuarta a la quinta dimensión, la dimensión que abre las puertas a la multidimensionalidad, la dimensión de la intención. No sabemos exactamente de qué manera va a evolucionar la comunicación y sus sutiles formas de expresión, pero a través de los Niños Cristal proyectamos un mundo sin mentiras, sin dobles mensajes. Algunos niños que hemos conocido nos pidieron que trazáramos una línea en un papel mientras pensábamos un mensaje; luego pasaron la mano por la línea dibujada y nos revelaron cuál era el mensaje. Cuando les preguntamos si adivinaban, nos dijeron que no, que se trataba simplemente de entender un lenguaje. Que con la mano sobre la línea que trazamos se puede leer la intención que nosotros hemos puesto en ella.

Los Niños Cristal son decodificadores naturales de frecuencias y vibraciones. Cada palabra tiene una vibración, una emoción, un sentimiento; tiene poder creativo. Por ejemplo, para manejar el idioma chino se utilizan más partes del cerebro que para el español o el inglés. En el chino, como en la poesía y en la pintura, hay un mapa por descifrar; en la naturaleza y en la música hay sentidos armónicos por descubrir. Lo mismo ocurre con el idioma hebreo; por ejemplo, el símbolo de la letra *alef* (primera letra del alfabeto hebreo) contiene en sí mismo todos los objetos, todo el universo. Ione Szalay, en su libro *Kabaláh*, perteneciente a esta misma Colección, nos dice: "Existe una sabiduría en la obviedad, en la vida de cada día, en lo superficial. Según los kabalistas lo manifestado revela lo oculto". El lenguaje cristalino no requiere de tantas palabras: los Cristal pueden comprender el *modelo de lo que se dice, más que lo que se dice*. Ellos comprenden la estructura de las cosas; eso les da la idea de lo que viene. Conocer la estructura, el código, les permite saber el final de la película; saben quién emite el mensaje y ya no hay sorpresa, dado que se imaginan la forma en que sigue. A un gran compositor de música clásica se le preguntó en qué momento supo cómo iba a terminar una obra suya. La respuesta fue: "Desde antes de empezar". Éste es un ejemplo de cómo los grandes genios de la música reciben la totalidad de la obra sintetizada en forma de código y luego la desarrollan magistralmente.

Únicamente abriendo nuestro corazón podremos revelar los códigos ocultos en los ojos de un Niño Cristal.

## PALABRA DE CRISTAL

> *"Inlakech", "tú eres mi otro yo": así dicen "te amo" los mayas. Y los latinos, "a-mor", lo que no muere (mors, mortis). Ya no queda más remedio que volverse estrella o lámpara constante. O iluminas o te iluminan, pero hoy por hoy, con el vendaval de situaciones que vivimos, me parece un poco mezquino dejarse iluminar solamente.*
>
> Carmen

> *Los Cristal no nos sobreadaptamos: optamos por no participar de actividades que oscurecen el espíritu. Antes preferimos aislarnos, parecer tontos, solitarios. Para nosotros hay otros valores y nuestra moneda son las virtudes.*
>
> *Sabemos que todos somos seres de luz; sólo tenemos que reflejarla y tener paciencia. Nuestro desafío es comprender los tiempos, la causa y el efecto.*
>
> *Los delfines, las piedras, la música o el mar son nuestros aliados, nuestros códigos, y no dudaremos en acudir a ellos para recuperar el sentido de nuestro rumbo.*
>
> Mateo

*Capítulo 7*
# Criando a un Niño Cristal

*El arte de criar niños nuevos no tiene precedente en los libros ni en la ciencia. Cuando la humanidad logre conectarse desde el corazón se acabarán las conjeturas y comenzarán las certezas.*

## LOS NIÑOS NUEVOS

*Nuevos niños están naciendo. Son humanos diferentes, aunque no lo parezcan. Yo soy sólo uno de ellos, uno de los primeros. La humanidad está cambiando. La conexión con lo espiritual está más abierta. Todos los niños pueden ahora mantenerse unidos a su esencia.*

*Los bebés lloran porque es muy difícil este planeta. Un bebé trata de expresarse por vía telepática, pero ese medio no funciona, porque todo aquí es muy denso. Ve todo, lo malo y lo bueno, lo falso y lo verdadero. En otros planos uno ve lo que quiere. Ver es una manera de decir, ya que no hay ojos físi-*

*cos: uno se focaliza en lo que le interesa y se puede cerrar cuando quiere. El recién nacido está asustado, encerrado en la realidad física. Extraña la unidad esencial de donde viene; entonces se adhiere rápidamente a las personas que lo cuidan. Traspasa a los padres el lugar del Ser Supremo. Los padres, si creen sólo en lo material, lo involucran cada vez más en lo físico. Al enseñarle a hablar, limitan su pensamiento. Los niños, al crecer, van perdiendo la conexión con su origen.*

*Para ayudar a los chicos hay que ayudar a los grandes. Si los padres están abiertos, van a cuidarlos sin imponerles sus propias ideas, su visión del mundo. Lo principal es darles espacio, darles tiempo, dejarlos pensar, dejarlos que hablen. Es importante hablarles de Dios, de lo espiritual, pero sin insistir en que se tiene "la verdad".*

*Un Niño Nuevo sabe que es parte de la Totalidad. Si se le quiere enseñar la idea de "mío" se confunde, cree que todo es de él. Hay que dejarlo compartir. Hay un solo YO para la Totalidad, aunque el YO individual es de una variedad infinita.*

*Flavio, 8 años*[1]

Muchas veces sucede que a los niños se les enseñan cosas que van en contra de sus capacidades inherentes. No pueden entender nuestra escala de valores y esto les genera confusión. Ellos vienen a traer la luz. Tenemos la responsabilidad de nutrir sus dones y de no bloquear sus cualidades innatas.

[1] Extracto de Cabobianco, *Vengo del Sol*.

Estos niños dependen hoy más que nunca de la evolución del entorno social y familiar en el que se encuentran, siendo de enorme importancia el rol de los padres, sobre todo en los primeros cuatro años de vida.

A continuación daremos algunas sugerencias, sin el ánimo de generar una receta. Alentemos a cada adulto a desarrollar con los niños una comunicación sincera, un lenguaje desde el corazón.

## LA SENSIBILIDAD A LA ENERGÍA PLANETARIA

A menudo se nos acercan padres preocupados porque sus niñitos no duermen o lloran angustiados en diferentes épocas del año. Lo sorprendente es que daría la impresión de que estos bebés se ponen de acuerdo, ya que, cuando algún padre nos consulta, es seguro que el mismo día llegan muchos más. Hemos observado que estas situaciones generalmente coinciden con fenómenos ambientales, eclipses, alineación de planetas, destellos solares, cambios en las frecuencias electromagnéticas, etcétera.

Es frecuente que se angustien o agiten a causa de la energía colectiva del planeta, sobre todo cuando las masas están atemorizadas o está por sobrevenir un cambio mundial.

Los padres que noten a sus hijos deprimidos, hiperexcitados o ansiosos deben verificar qué eventos mundiales están sucediendo. Les recomendamos comunicarse con sus hijos y permitirles expresar sus miedos o frustraciones abiertamente.

Luego de la invasión estadounidense a Irak en marzo de 2003, nos sorprendimos de lo molestos que estaban los Bebés Cristal.

Es como si tuvieran un radar captando la densidad de la energía del ambiente.

En estos casos debemos permitirles entrar en comunión diariamente con la naturaleza y sus elementos (agua, tierra, sol, etc.), ya que les ayuda a equilibrarse y a limpiar las energías no armoniosas que les aturden profundamente.

Recordamos que estos niñitos no son amigos de visitar lugares donde se aglomeran las personas, ya que no encuentran el sentido de hacerlo. Cuando ya han quedado abrumados por el entorno, sugerimos darles la opción de pasar algún tiempo en soledad, pues posiblemente lo necesiten, y si esto no es respetado podrían llegar a desequilibrarse y a perder la conexión con su ser, que es, en definitiva, lo único que los mantendrá alineados con la energía del universo.

## LA CAPACIDAD DE CONCENTRACIÓN

La capacidad de concentración de los Cristal es realmente asombrosa. Aunque en los establecimientos escolares muchas veces piensan que estos niños poseen algún déficit con respecto a la atención, en realidad es todo lo contrario. Lo que sucede es que la información que reciben no suele ser lo suficientemente interesante como para captar su atención y, a causa de su agudizada sensibilidad psíquica y física, pueden estar conectados con otras realidades, imperceptibles para el educador. Es importante ver qué pasa cuando están en una clase que los entusiasma; seguramente notarán que tienen una capacidad asombrosa para concentrarse.

Obsérvenlos cuando están jugando en su computadora o mirando su película favorita en el televisor: es muy normal verlos absorbidos por esas actividades como si no existiera nada alrededor del aparato. Realmente no existe límite entre ellos y lo que están recibiendo.

Recordamos a Tomás, de 5 años, que "se metía" dentro del programa de televisión que estaba viendo hasta el punto de que no escuchaba ni veía nada de lo que sucedía a su alrededor. Los padres intentaron limitarle a una hora el tiempo diario frente a la pantalla, pero no funcionó. Es más: pasaba todo el día pensando en los programas que se estaba perdiendo a cada momento. Una vez la madre le dio permiso para mirar todos los programas que él quisiera y al final del día le preguntó cómo se sentía; el niño (muy sensible) respondió que percibía baja su energía y que tenía un fuerte dolor de cabeza. En ese momento hicieron el acuerdo de no mirar televisión por un mes. Tomás aceptó el trato con la condición de que éste se extendiera a todos los integrantes de la casa. El resultado fue asombroso. Al tercer día se había olvidado por completo de la televisión e incrementó las invitaciones de amiguitos a jugar a su casa (esto fortaleció las relaciones con sus compañeros de jardín), así como su capacidad para jugar solo. Hoy mira alguna película los fines de semana.

Aconsejamos poner horarios para el uso de computadoras y televisores, ya que los niños corren el riesgo de perder todo interés por las actividades al aire libre o por jugar con sus compañeros.

Si por alguna razón los notan obsesionados con la computadora o con la televisión hasta tal punto que cuando dejan de usarlas siguen pensando en ellas, sugerimos que los ayuden a notar esta situación y explicarles que por un tiempo será mejor desconectar por completo esos aparatos.

Nos sorprenden muchos casos de Niños Cristal adeptos a películas de terror que, si bien reconocen despertarse alterados en las noches por sueños que les provocan miedo, se rehúsan enérgicamente a dejar de mirarlas. La causa por la que lo hacen aún es un misterio para nosotros.

## LA PERCEPCIÓN DE LAS EMOCIONES NEGATIVAS

Si un Niño Cristal se encuentra en un entorno agresivo, desequilibrante, con oscilaciones energéticas considerables y emociones exageradas, tiende a huir física o psíquicamente, ya que tales situaciones le resultan insoportables. Debido a su fuerte percepción es muy común que sepa exactamente el estado de nuestras emociones y sentimientos. Algunos lo sienten en su cuerpo y otros lo captan directamente de nuestro campo áurico.

Como son seres empáticos, hasta el punto de saber lo que un desconocido está sintiendo, para ellos saber y sentir el estado del otro es tan fácil como sentir y saber el suyo. Tienen una capacidad intuitiva extrema, muy superior a la de la mayoría, y la utilizan sabiamente, ya que se dan cuenta exactamente de qué perciben y de cuándo decirlo.

Romina, que hoy tiene ocho años, desconcertaba a su madre adivinando sus estados de ánimo o pensamientos. Muchas veces sin motivo aparente le decía "¡Te estás por enojar!". En una entrevista nos confesó que veía diferentes colores y que había aprendido a clasificarlos según la emoción. Ella le dijo a su madre: "Cuando te estás por enojar empiezas a ponerte roja".

En muchas oportunidades no pueden diferenciar entre una emoción propia y una ajena. Esto sucede más frecuentemente en los Cristal adultos. Diferenciarlas es de vital importancia ya que, además de brindarles seguridad, esa diferenciación puede utilizarse para saber exactamente cuál es la necesidad del otro y accionar en consecuencia.

Cuando uno descubre que la emoción o el sentimiento no son propios es muy fácil desembarazarse de ellos. En cambio, si uno no sabe lo que le está pasando, es posible que la mente le juegue una mala pasada.

## LAS CAPACIDADES SANADORAS

Desde pequeños estos niños se destacan por sus cualidades sanadoras, ya sea a través de sus manos, de sus pensamientos o aun de cristales. Ellos reconocen la energía y pueden mostrarnos espontáneamente dónde se encuentran nuestros bloqueos. Estos niños tienen una capacidad extraordinaria para sanar, aconsejar o enseñar, porque están preparados para recibir información psíquica y comprender el dolor y el sufrimiento del otro.

Por su vibración, los Niños Cristal depuran de una manera natural las energías sutiles, porque absorben las de signo negativo y transmiten sólo las frecuencias de carácter positivo y beneficioso. Por eso es importante que equilibren y estabilicen la abundante luz que irradian sus centros de energía superiores, encaminándola a los inferiores para que tengan más vitalidad y solidez.

La mamá de Agustina, una niñita de nueve años, nos cuenta: "Un día (cuando tenía algo más de tres años) me dijo: 'Necesito mi piedrita de la suerte'... Y comenzó su búsqueda. Ninguna parecía la apropiada. Hasta que un día recibió una que le enviaron del Valle de la Luna; dijo que era ésa y que iba a necesitar un 'portapiedra'. Llevaba la piedra consigo a todos lados. Observé que sin que nadie le explicara nada algunas noches la dejaba en un vaso de agua con sal y por la mañana la exponía al sol. Al poco tiempo comenzó a buscar más piedras para otras personas. Sus compañeritas (hasta su maestra) le pedían piedras, para llevarlas a su casa. Ella decía que las tenía que elegir según las necesidades de las personas. Pronto comenzó a recibir muchas piedras, ya que cada conocido que viajaba y le preguntaba qué quería ella decía: '¡Piedras!'. A personas que estaban en situaciones difíciles les elegía una y les explicaba que era para su 'problema', para su 'suerte', y les decía cómo lavarlas y ponerlas al sol y si tenían que tenerlas siempre consigo o no. Hoy lo sigue haciendo. Desde chiquita me traía alguna piedra para 'curarme' un dolor de cabeza o cualquier otro malestar que ella percibía. Hace poco tiempo me preguntó si yo creía realmente que ella sabía para qué servían. Le contesté que sí y ella me dijo: 'Yo no sé explicar exactamente cómo funciona la energía, pero yo siento para qué sirven' ".

Los Niños Cristal tienen una extraordinaria fe en sus capacidades sanadoras y ésta es, sin duda, una de las razones de que sean tan efectivas.

## LA EXPOSICIÓN EN PÚBLICO

Puede ser muy nocivo pedirles que hagan predicciones o sanaciones o que hablen de las vidas pasadas delante de amigos, visitas, vecinos, etc. Asumamos la responsabilidad de conectarlos con la simpleza y recordemos que son niños especiales y, a la vez, comunes. Debemos valorar adecuadamente sus capacidades tanto como las de otros niños que se destacan en música, fútbol o cualquier actividad.

Cuando ven o sienten algo espontáneamente, podemos ayudarlos a preservarse y a ser respetuosos de sus propios dones, con el fin de que aprendan que no es conveniente usar sus cualidades curativas en una persona o decirle qué perciben de ella sin contar previamente con su permiso.

## LAS CAPACIDADES TELEPÁTICAS

### ¿Qué es la telepatía?

*El Dr. Richard Gerber, en su libro* La curación energética, *dice: "El efecto telepático viene a ser algo así como una especie de resonancia de los campos de energía entre los cerebros y los sistemas de chakras del emisor telepático y del receptor. Se transmiten pensamientos, no tanto palabra a palabra como su sentido general. El fenómeno telepático es un caso de resonancia simpática entre los campos mentales de uno y otro. Las facultades telepáticas mejoran cuando se equilibran los hemisferios cerebrales derecho e izquierdo y cuando hay un mayor ajuste entre los cuerpos astral y mental".*

Ser padre de un Niño Cristal significa ser un buen escucha y también implica la oportunidad de despertar capacidades psíquicas latentes. Cuando una madre da a luz a un Niño Cristal también da a luz sus propias capacidades telepáticas. Estos niños eligen padres o abuelos psíquicamente sensibles como parte de sus técnicas de supervivencia en la Tierra. Si los niños no van a comunicarse verbalmente en los comienzos necesitan padres telepáticamente aptos para asegurarse de que sus necesidades sean satisfechas. A veces pasan de no decir nada a hablar perfectamente del día a la noche.

Los Niños Cristal nos mueven a evolucionar desde el momento de su gestación. Llegan con capacidades telepáticas, y el desarrollo o bloqueo de éstas dependerán del ámbito en el cual les ha tocado nacer.

Imaginemos cómo se puede sentir un bebé que desde su nacimiento comienza a emitir ondas telepáticas (a los Niños Cristal incluso les es muy fácil leer las mentes de los seres que se encuentran a su alrededor) y no obtiene respuesta alguna. Esto le genera una profunda frustración, que puede derivar en el bloqueo de este don y dar comienzo a un proceso traumático con respecto a la comunicación. En general, estos bebés deben conformarse con llorar, para que en ese momento los adultos traten de adivinar, muchas veces sin éxito, qué es lo que necesitan.

Es muy frecuente que estos niños, aunque puedan hablar, prefieran no comunicarse por medio de la palabra. Incluso pueden llegar a elegir no hablar hasta los tres o cuatro años. A los padres no les resulta fácil aceptar que sus niños son diferentes de otros; incluso lidian con el temor de que su hijo sea mudo o tenga alguna deficiencia.

En algunos casos el desarrollo motriz está mucho más adelantado que el verbal.

Para los Niños Cristal es indispensable que en su entorno esté abierto y despejado el canal de la comunicación, ya que si se bloquea podrían llegar a tomar la elección de no comunicarse.

Hemos notado en nuestro trabajo que, cuando la familia no los acompaña, pueden llegar a sentirse solos e incluso a asustarse de esta capacidad telepática, generándose problemas de oídos, como infecciones y otitis a repetición. Éstos no son datos menores, ya que en muchos casos niños de nueve o diez años e incluso adolescentes nos han confesado haber guardado celosamente este secreto por temor a ser erróneamente juzgados.

## LA SENSIBILIDAD A LA VIOLENCIA

Los Niños Cristal son sensibles y profundamente vulnerables y muchas veces se ven envueltos en situaciones violentas. Para preservarse pueden llegar a recluirse dentro de sí mismos y a desconectarse de la realidad que los rodea. Si bien no son tan frecuentes, se dan casos en los cuales han desarrollado una personalidad aparentemente fuerte y agresiva para protegerse de la hostilidad proveniente del exterior. Esto no es más que una apariencia, ya que en raras ocasiones los Cristal resultan realmente agresivos.

Estos niños son muy sensibles a las energías, más que a las palabras y a las acciones. Ellos "miden" qué clase energía se está moviendo a su alrededor y lo más común es que se queden paralizados ante la energía de agresión, ya que es un tipo de sensación que no reconocen ni registran dentro de sí mismos.

Muchos de estos niños son blanco de violencia en los colegios. Recordamos a Ramiro, quien, aunque el padre le pedía que se defendiera, decía que no le podía pegar a un amigo. La insistencia del padre terminó ejerciendo tanta presión sobre Ramiro que un día fue al colegio y castigó violentamente a dos niños sin motivo alguno. Es frecuente que, como en el caso de Ramiro, los niños, presionados por los adultos, generen situaciones violentas completamente fuera de contexto.

Hemos observado que los Cristal no comprenden el código de violencia y no recomendamos incitarlos a aprenderlo, ya que, además de contraproducente, será prácticamente imposible que lo hagan.

## EL CANAL DE LA COMUNICACIÓN

Para mantener libre el canal de la comunicación debemos permanecer receptivos y abiertos en los momentos en que los niños se acercan para contarnos sus experiencias. También es necesario considerar que éstas son posibilidades de generar franqueza en la intimidad de la relación, ser muy cuidadosos y tener en cuenta que depende mucho de nuestra actitud el bloqueo o el natural desarrollo de las capacidades del niño.

A través de nuestra experiencia descubrimos que, cuando se pretende tapar un don o característica, la energía bloqueada suele salir por un canal equivocado, provocando trastornos, psíquicos, físicos o emocionales.

Es muy saludable que cuando nos cuenten una experiencia los ayudemos a conectarse consigo mismos, permitiendo así que vuelvan a su propio centro. Por ejemplo, podemos hacerles preguntas con el fin de que asimilen y comprendan lo que ha sucedido: "¿En qué parte de tu cuerpo lo sentiste? ¿Qué colores viste? ¿Qué escuchaste? ¿Qué sentiste?".

Es fundamental que sientan un sincero interés y aceptación de nuestra parte ayudándolos a profundizar y a comprender lo que ha sucedido. Debemos estar preparados para contestar sus preguntas en forma honesta. Cuando nos cuentan algo que no podemos llegar a comprender, debemos, sin avergonzarnos, confesar que no sabemos, y no decirles: "¡Eso no existe!".

Si tenemos en cuenta que su percepción supera la nuestra, cualquier intento de ocultar nuestros verdaderos sentimientos será en vano y generará desconfianza.

## LA ARMONÍA DEL AMBIENTE

Como sus mentes absorben más información que la nuestra, los Niños Cristal son sensibles a cualquier energía asociada a la confusión y al desorden. Es necesario mantener las cosas organizadas y en armonía a su alrededor; esto les permitirá procesar y recibir la información de manera más fácil y clara. Es por ello por lo que prefieren los ambientes en los cuales se despliega una amplia gama de colores y, si es posible, haremos que estén acompañados de piedras y cristales.

Su habitación, que es el ambiente en el cual descansan, deberá tener una energía tranquila y estable y estar pintado de un color claro, evitando las imágenes fuertes.

Hemos visto algunos casos en que los niños se sintieron enojados o confusos al haberse alterado el orden que ellos mismos habían impartido a sus objetos, juguetes o muebles. Incluso a veces pueden parecer obsesivos. Aconsejamos proporcionarles un espacio en el cual puedan generar su propio orden específico y respetárselo, ya que ellos generan una energía que les permite encontrar allí su propia identidad y estabilidad emocional.

## LA ROPA QUE VISTEN

Notamos que tienen una relación muy especial con la vestimenta. Es indispensable que sus ropas sean cómodas y de telas y fibras naturales, ya que su piel es extremadamente sensible; les molestan las etiquetas y algunos tipos de lanas. Ellos se sienten parte de su ropa y sienten a su ropa parte de sí mismos.

Les gustan los colores y no les importa si están a la moda o no: su prioridad es sentirse cómodos y agradablemente vestidos.

En el caso de los bebés, notamos que necesitan que estemos muy atentos a la higiene, ya que no toleran los pañales sucios.

## LA SENSIBILIDAD A LOS SONIDOS

Nuestro cuerpo almacena información en su memoria celular. El sonido permite que se produzca una realineación de la estructura molecular para que ingrese en nosotros el flujo de información a través de nuestros sentidos.

En una sesión, Alejandro, de nueve años, nos contó que era capaz de detectar cuándo se prendía un televisor a gran distancia o una computadora en la casa de los vecinos. Nos decía que escuchaba algo así como una vibración.

Son muchos los niños que en los colegios se sienten aturdidos por los ruidos, hasta el punto de no poder disfrutar de los recreos, justamente por los trastornos que les producen los gritos de sus compañeros. En nuestra experiencia hemos conocido numerosos Niños y Adultos Cristal que tienen el sentido de la audición muy agudizado. Esto puede llegar a ser un verdadero padecimiento para ellos.

El sonido es una herramienta de transformación que puede modular nuestra frecuencia vibratoria, penetrar cualquier sustancia, mover moléculas y reordenar realidades.

El sonido es otra forma de transportar información, porque forma parte de la luz. Debemos tener especial cuidado con los sonidos a los que exponemos a los Cristal, ya que, por poseer una amplificada capacidad de fijar la atención, pueden verse muy afectados por las ondas emitidas por los aparatos electrónicos, por músicas o sonidos que los hipnotizan y que los alinean con bajas frecuencias vibratorias.

Notamos que las personas tan sensibles al sonido responden en forma asombrosa a la música y a los sonidos armónicos, hasta el punto de poder estabilizar completamente su energía y emociones por este medio. Hemos visto, por ejemplo, a niños y adultos equilibrar su energía luego de exponerlos al sonido que emiten los cuencos de cristal. Los cuencos de cristal son delicadas vasijas circulares de cristal de cuarzo puro, capaces de emitir impulsos sonoros de alta calidad vibratoria, traducidos en notas musicales y octavas armónicas que desencadenan proyecciones de luz y colores multidimensionales.

Los científicos de la NASA aplican emisiones acústicas de cuencos cristalinos sobre los astronautas, obteniendo dinámicos resultados de anclaje y cimentación con el plano Tierra.

Los sonidos reordenan a los sutiles cuerpos etéreos, conectando nuevamente al ser con su eje bioenergético.

Luz, sonido y geometría están muy conectados, porque transportan información.

Los grandes maestros de la música, como Beethoven y Mozart, entre otros, estaban codificados para hacer llegar información de naturaleza estable, permitiendo un reequilibrio de los patrones cristalinos del cuerpo.

Esto explica por qué los Cristal se estabilizan tanto escuchando la música de estos geniales creadores, ya que les permite reconectarse con su tarea y con su misión.

## LA CONCIENCIA GRUPAL

> *La mía es una misión de amor. No puedo brillar sola. La única forma de brillar es grupalmente. Debemos ser como antorchas de luz: ése es nuestro compromiso, nuestro objetivo, y para ello estamos juntos.*
>
> Maia

Es importante comprender que la misión de los Cristal está asociada a la conciencia grupal.

Ninguno de nosotros está completo; cada uno contribuye con lo que le falta al otro. Ninguno de nosotros es perfecto sin todos los demás. Y todos los demás están incompletos cuando un único individuo está ausente.

Para manifestar un mundo armónico, debemos ser conscientes de que debemos salir de la separación.

Una de las características más salientes de los Niños Cristal es, sin duda, la consideración y la conciencia grupal. Ya hemos dicho que son seres que traen integrados los hemisferios cerebrales, que toman las decisiones y elecciones de su vida desde la integridad.

Karina nos contaba que no paraba de sorprenderse de su bebita, ya que ésta lloraba cuando alguien salía de la casa. Al principio Karina pensaba que la causa de tal comportamiento era que a su hija le gustaba estar con mucha gente, pero pronto se dio cuenta de que esto no era del todo cierto, pues descubrió que se calmaba simplemente si la saludaban antes de salir, hasta tal punto que cuando la niñita duerme Karina la despide mentalmente y tiene la certeza de ser escuchada. Hoy la niñita tiene un año y cuatro meses y se siente profundamente ofendida si alguien se llega a ir en su presencia sin despedirse de ella.

Podemos detectar a un Adulto Cristal simplemente observando cómo se mueve socialmente, ya que es natural que, antes de tomar una determinación, ponga mucha atención a no estar perjudicando o incomodando a nadie.

También, si somos padres o docentes de un Niño Cristal, debemos tener cuidado de no ser desconsiderados con alguno de sus compañeros o hermanos, ya que lo padecerá aún más que si lo fuéramos con él mismo.

Cuando son pequeños, sobre todo en el período que abarca el jardín de infantes y los primeros años de la escuela primaria, los Niños Cristal pueden perder su centro y quedar absorbidos por el entorno, ya que les cuesta establecer los límites personales y grupales. En estos casos pueden parecer apáticos y sometidos a la voluntad externa, sin aportar sus opiniones y preferencias.

Si son adecuadamente acompañados, en la medida en que van creciendo y desarrollándose, comienzan a equilibrar sus sentidos individual y colectivo, haciendo de éste una verdadera virtud.

## EL RECUERDO DE SU MISIÓN

*PAPÁ. –¿Qué te pasa, Flavio, que te veo triste?*

*FLAVIO. –Me siento solo.*

*PAPÁ. –No estás solo; estás conmigo, estás con mamá, con tu hermano, y todos te queremos mucho. ¿Extrañás la casa de Buenos Aires?*

*Flavio se detiene, me mira con los ojos llenos de lágrimas, y dice entre sollozos: "No entiendes. Nadie entiende. No me siento solo de humanos; me siento solo de Dios; no se puede comparar. A esta hora, cuando el sol se va y todavía no se ven las estrellas ni la luna, extraño a Dios".*

*Flavio parece más pequeñito aún frente a la inmensidad del mar, en la playa desierta. Trato de consolarlo abrazándolo, pero siento que sólo su cuerpo está ahí. Se abandona a mis brazos pero está muy lejos. Hasta que con un profundo suspiro, se seca las lágrimas y regresa. Me dice: "Papá, volvamos a casa".*

*Relato acerca de Flavio, de 6 años*[2]

A los Cristal les cuesta muchísimo sentirse parte integrante de este mundo. Se sienten mucho más que simples habitantes de esta tierra y tienen la certeza de ser seres libres, seres de luz. A pesar de que entienden que esta existencia es sólo una pequeña realidad entre otras millones de realidades posibles, son muy concretos.

Pero cuando se cierran por el sufrimiento o por la perturbación que causan la agresión, la incomprensión o la densidad de la energía circundante, ellos se sienten sin rumbo, con la impresión de que han perdido el objetivo y el sentido de su existencia. En esos momentos se les ha cerrado el corazón.

---

[2] Extracto de Cabobianco, *Vengo del Sol.*

Nunca debemos desafiar a los Cristal en los momentos en los cuales se encuentran cerrados, ya que ellos pueden sorprendernos tomando una actitud extremadamente desapegada de las cosas y situaciones de la vida cotidiana. Incluso hemos conocido algunos casos de Adultos Cristal que han confesado haber pensado en el suicidio, sobre todo durante la época de la adolescencia.

Muchas veces no entendemos cuál es la mejor manera de ayudarlos y no sentirnos impotentes ante estas situaciones.

En una oportunidad trabajamos con Santiago, un niñito de cuatro años. Su madre nos contó muy preocupada que Santiago, hacía unos días, había perdido su natural alegría.

Cuando le preguntamos al niño si sabía quién era y qué había venido a hacer en esta vida, la madre fue la primera sorprendida ante la respuesta de su hijito.

—Vinimos a salvar a toda la gente.

—¿Tú lo estás haciendo?

—Antes sí, pero ahora no puedo.

—Es éste el motivo de tu tristeza.

—Sí, pero ya estoy mejor, porque me parece que ahora voy a lograrlo.

Hubo otros casos, como el de Hernán, que cuenta haber escuchado telepáticamente el nombre de su sobrina antes que se lo eligieran sus propios padres. Hernán tiene una relación especial con ella y nos cuenta que en una ocasión en la cual la bebita estaba muy perturbada ellos hicieron un compromiso de recordarse mutuamente la misión en los momentos en que se encontraran aturdidos y sin fuerza. Nos cuenta que para calmarla simplemente basta con mandarle un mensaje de luz con el pensamiento, con la certeza de que será escuchado.

Como dijimos anteriormente, los Niños Cristal vienen a expandir la conciencia grupal de la humanidad; es por eso por lo que potencian sus virtudes cuando se agrupan: por ley de resonancia se activan y se recuerdan su misión sólo por presencia.

Hemos quedado asombrados de lo rápido que pueden llegar a estabilizarse con sólo recordarles su propósito. ¿Cómo lo hacemos? Simplemente les preguntamos cuál es su misión y en ese momento recuerdan. Una vez que está activado el recuerdo, se restablece la conexión, que ya no se olvida, aunque no sea consciente.

No es relevante la respuesta; lo importante es activar su memoria.

## RECOMENDACIONES Y PAUTAS ALIMENTARIAS

Para este apartado solicitamos la colaboración del Dr. Claudio Burga Montoya:

### *Alimentación*

> *Estos niños necesitan alimentos de anclaje como son las raíces y tubérculos (zanahorias, nabo, rabanitos, bardana, etc.) y las verduras que crecen al ras de la tierra, como las coles (repollo, broccoli, coliflor, repollitos de Bruselas, repollo akusay, etc.). Las coles y el*

*mijo pelado (cereal) son más adecuados para los que no tienen sobrepeso, porque inhiben la tiroides.*

*Para los chicos que no son alérgicos recomiendo para endulzar las ensaladas el tomate, la manzana o los morrones, suavizando el sabor con pequeños trozos de pepinos. La manzana verde se puede mezclar con diferentes colores en el plato. Los más importantes son los vegetales anaranjados, los blancos y los verdes.*

*Preste atención a la ingesta de vitamina B12, ya que mejora la fatiga y la falta de concentración. Se encuentra en los huevos, en el yogurt y en los quesos, y las fuentes vegetales son de cantidad variable, miso, algas spirulina, yogurt a base de leche de soja, etc. En caso de niños que rechazan naturalmente la carne o los pescados, se recomienda incorporar esta vitamina a través de los lácteos. El más aconsejable es el yogurt.*

*También debe incorporarse la vitamina C, indicada contra las alergias y como inmunoestimulante. Se encuentra en las frutas: en el limón y en la mandarina, que son los cítricos menos alergénicos, en las cerezas, en las moras, en el arándano, en las manzanas, etc. También en la coliflor, en los broccoli, en la papa y en las verduras verdes crudas.*

*Es fundamental controlar el nivel de hierro. Rudolph Steiner, creador de la homeopatía antroposófica, decía que este mineral favorece un mayor anclaje en las personas que son demasiado etéreas y a las que no les interesan demasiado sus circunstancias (tal vez esta tipología evoque en nosotros la imagen del anémico). Esto se debe a la propiedad magnética del hierro, que, además, se encarga de transportar el oxígeno a través de la hemoglobina. Su carencia produce problemas en el aprendizaje.*

*Son fuentes de hierro: las algas, la melaza, el tofu orgánico, las legumbres, la levadura, la avena, el zapallo y sus semillas, las semillas de girasol, el mijo, el perejil, las almendras, las ciruelas desecadas, las castañas de Cajú, las hojas de remolacha, las arvejas, los porotos mung, los broccoli.*

*Es importante tener en cuenta que el hierro de origen vegetal sólo se absorbe en presencia de vitamina C (esto quiere decir que tenemos que tener una buena ingesta de esta vitamina).*

*Con respecto a la cocción de los alimentos, es conveniente llevarla a cabo a fuego mínimo de 6 a 8 minutos. Es aconsejable cocinar de diferentes maneras las verduras y al incorporar un nuevo elemento se lo puede licuar en pequeñas cantidades para ir acostumbrando al niño a su sabor paulatinamente. Para obtener proteínas completas hay que mezclar cereales de grano entero (arroz integral, mijo, cebada perlada, avena, trigo burgol, etc.) con dos cucharadas de porotos (aduqui, mung, rojos), lentejas, garbanzos, etcétera.*

*En el desayuno o en la merienda se pueden acompañar las frutas con semillas o frutos oleaginosos (almendras, nueces, avellanas, sésamo, girasol, semillas de zapallo, etc.). La alimentación debe ser variada para no incurrir en carencias.*

*Para lograr una adecuada nutrición hay que tener paciencia, persistencia y escuchar qué es lo que los niños desean, poniendo límites cuando la elección va en contra de su bienestar.*

*Los Niños Cristal tienen la capacidad de conectarse naturalmente con los alimentos. Si los alentamos a mantener una alimentación sana y natural ellos mismos se acostumbrarán a prevenir enfermedades y trastornos físicos.*

*Esto los ayuda a sostener la energía que están manejando y sus preferencias estarán balanceadas con sus necesidades nutricionales. Debemos ayudarlos a confiar en su propia intuición. En muchos casos se han hecho vegetarianos sólo por su gran empatía con los animales.*

*Debemos ofrecerles una variedad de alimentos equilibrados para que puedan escoger; si lo hacemos nos aseguraremos de que siempre estarán bien alimentados. Es necesario presentarles opciones lógicas, que muestren que hemos considerado sus perspectivas, y ofrecerles alternativas que ellos tal vez no hayan tenido en cuenta.*

### *Ejercicio*

*El ejercicio es aconsejable en todos los casos, porque en estos niños hay cierta tendencia al sedentarismo. Recuerde que, si bien pueden no sentir placer en los deportes, la naturaleza los equilibra y alentarlos a practicar algo que les guste los va a for-*

*tificar físicamente. Este ítem es de vital importancia.*

### Homeopatía

*La homeopatía equilibra las constituciones antes mencionadas, tanto en los síntomas físicos como en los deseos exacerbados y en las aversiones alimentarias. Éstos son algunos de los síntomas más frecuentes en estos niños cuando están bloqueados: falta de confianza en sí mismos; introspección; hipersensibilidad a las reprimendas; tristeza; trastornos por decepción; terrores nocturnos; pena silenciosa; trastornos por cólera reprimida; exceso de responsabilidad; deseo exacerbado de dulces, harinas, queso, huevos y sal.*

## PALABRA DE CRISTAL

*No puedes criar a un niño si primero no despiertas al niño que hay en tu interior.*

*Si quieres brindarle amor a tus hijos, primero debes conectar con el amor que hay a tu alrededor.*

*Si sólo piensas que los que tienen que aprender son los niños, es porque has dejado de aprender.*

*Si esperas un futuro mejor debes empezar por abrir tu corazón.*

*Emmanuel*

*Capítulo 8*
# Los Adultos Cristal

## UN POTENCIAL DORMIDO

Los Adultos Cristal son aquellos que tuvieron la responsabilidad de ser los pioneros del cambio de vibración en el planeta.

Desde el punto de vista energético, no hay diferencias reales entre Niños y Adultos Cristal, salvo en el grado de contaminación que han recibido y en la capacidad para sobrellevar la hostilidad de un mundo que aún no estaba preparado para albergar seres con el corazón abierto.

Es por ello por lo que resulta muy complicado hacer una descripción de los Adultos Cristal sin explicar el porqué de la diferencia o contraste que presentan con respecto a los niños que están naciendo ahora. Es necesario comprender que tanto la Vibración Índigo como la Cristal están en relación directa con los signos de los tiempos y con la expansión de la conciencia individual y, sobre todo, colectiva.

La gran mayoría de los Adultos Cristal todavía no ha despertado su verdadero potencial. En general los encontramos en el mundo del arte o escondidos en puestos de trabajo que no los representan, cumpliendo su labor en forma infatigable y silenciosa. Muchas veces pueden transformar y transmutar la energía del entorno, pero si no están firmes y anclados pueden terminar consumidos en ella. Son seres sensibles, elevados, energéticamente atractivos, armonizadores, pero no han despertado su potencial plenamente; por eso pueden parecer indefensos, vulnerables a los sentimientos propios y ajenos e incapaces de distinguir sus propias emociones de las de los demás.

Los Seres Cristal tienen una misión grupal, pero ¿por qué les cuesta tanto lidiar con los grupos? Por un lado tienen un gran sentido de la consideración y de la conciencia grupal. Pero se les hace muy difícil sostener lo que saben en esencia y muchas veces se ven sobrepasados por la energía del entorno. Cuando se deciden a participar de una actividad o de un emprendimiento grupal cooperativo, a veces quedan exhaustos, sin energía: es como si dieran más energía de la que pueden asimilar.

Sienten la desconsideración del entorno como una estocada en el corazón; se bloquean. Por otra parte, no pueden callar a su conciencia, que les dice: "Calma, paciencia, sigamos adelante".

Muchas veces, dada su cualidad empática, sufren por no poder establecer los límites entre ellos y su entorno, lo que genera un estado anímico sumamente dependiente de las energías que se mueven alrededor suyo; a menudo son víctimas de una profunda confusión.

Pueden tener miedo a intimar, ya que muy fácilmente se sienten invadidos, no respetados, debido a su profunda susceptibilidad. Prefieren estar solos a tener su "espacio personal corporal" descuidado y hasta pueden evitan las relaciones románticas por miedo a herir al otro si la relación termina. Son muy vulnerables; se alejan de las personas "dañinas", que no comprenden su sensibilidad y no son capaces de respetarla.

Es frecuente que, buscando el límite, se polaricen hacia la indiferencia. Sienten que han llegado muy lejos y se aíslan, construyendo una barrera entre ellos y el grupo.

¿Cómo es posible vivir siendo tan sensibles a los sentimientos de los demás? Para los Cristal no hay secretos: sienten, saben lo que estás pensando o sintiendo en lo más íntimo de tu ser.

¿Cómo es posible vivir y ser feliz con el corazón abierto si allá afuera hay tanto dolor? El corazón es el centro de la energía amorosa, donde mora lo sagrado, la hermandad, la compasión. No se dieron cuenta todavía de que el peor sufrimiento es tener cerrado el corazón.

Pocas veces sentimos tan clara una explicación de esto que acabamos de exponer como cuando leímos el párrafo del libro *Los mensajes de los sabios*, escrito por Brian Weiss, que dice textualmente:

> *Los muros que levantamos a nuestro alrededor cuando nos sentimos amenazados emocionalmente son muros de miedo. Nos da miedo que nos hagan daño, que nos rechacen, que nos hagan el vacío.*
>
> *Nuestra vulnerabilidad nos amenaza y nos refugiamos tras un muro para no sentir. Nuestras emociones quedan reprimidas.*
>
> *A veces incluso rechazamos a la persona o a las per-*

> *sonas que nos amenazan antes de que puedan rechazarnos. Nos adelantamos. Este tipo de autoprotección se conoce como defensa contrafóbica. Por desgracia, los muros que levantamos nos hacen más daño que cualquier persona.*
>
> *Nuestros muros nos aíslan, nos cierran el corazón, nos empeoran. Cuando nos encerramos entre ellos, cuando nos separamos de nuestras emociones y nuestros sentimientos, resulta imposible llegar al origen de nuestro sufrimiento, de los miedos y las inseguridades subyacentes. No podemos comprender las raíces de nuestro problema. No podemos curarnos; no podemos estar completos.*

Es muy común que se confunda a un Cristal con un ser emocionalmente inestable. Esto es un error. Recordemos que los Cristal no vienen equipados para procesar el miedo y la culpa. En los Seres Cristalinos la emoción es una fuente de desconcierto. Como no registran el miedo y la culpa, que son las emociones básicas por las que la humanidad se mueve, no comprenden por qué se reacciona o se actúa de determinadas maneras que para ellos son desconcertantes, si bien parecen aceptables para la mayoría de las personas. El miedo y la culpa generan en la humanidad una carga emocional negativa que hace que no pueda salir de ciertos patrones de comportamiento que los Seres Cristalinos desconocen, porque no los tienen en su memoria base. Esto hace que muchas veces se aíslen o sientan que no pertenecen a este mundo. Las emociones de los Seres Cristalinos responden a patrones como la compasión o la conciencia grupal. Como esto no pertenece a la grilla en la que la humanidad se está moviendo en este momento, no encuentran un ámbito en el cual sentirse comprendidos o un lugar de pertenencia en este mundo. Por eso la primera vez que se habló de Niños Cristal se dijo que ellos vendrían si hacíamos que el mundo fuera un lugar seguro para ellos. Ellos se sienten amenazados por las energías reinantes del miedo y de la culpa, lo que hace que terminen "metiéndose para dentro", en lugar de encontrar un espacio donde manifestar sus cualidades. Los demás los ven como seres que reaccionan de formas inesperadas, exageradas o ridículas. Son dos mundos que no encuentran el punto de encuentro. Cuando llegan a adultos pueden sentirse confundidos y extraviados, ya que cargan con la frustración de no haber encajado en la estructura de este mundo, dado que les causa un dolor constante. Por eso muchas veces quedan en un mundo paralelo. Es tan doloroso este planeta que sienten que ni siquiera pueden estar aquí. Su sensibilidad extrema y sus valores encontrados con el resto de la humanidad hacen que no se sientan nunca en casa. Aunque tengan todo lo que el resto de la humanidad considera necesario para sentirse plenos y felices, al poseer un registro emocional distinto sus acciones y pensamientos son diferentes y su concepto de plenitud y de felicidad no condice con lo que generalmente se espera. Entonces muchas veces se ven perdidos en esta vida y sienten que deambulan sin rumbo fijo por este planeta, tratando de entender cuáles son las reglas de este mundo. No se sienten comprendidos por sus familias ni por el entorno que los rodea. El trabajo con ellos es ayudarlos a que se vean parte de este mundo comprendiendo su misión, cuáles son las herramientas que tienen para desarrollar y qué es lo que se espera de ellos en cuanto a su tarea en este plano: cuál es su función desde el punto de vista energético y desde el punto de vista de la humanidad. Necesitan reconocer su función para poder sentir que su vida tiene sentido. Eso es lo que les devuelve la tranquilidad.

En cambio, a los Adultos Cristal que han podido desarrollar su potencial se los reconoce por el equilibrio entre sus dones y su realización espiritual, por su capacidad de liderar desde el ejemplo y por su humildad. Ellos nos sorprenden por su inquebrantable determinación puesta al servicio de sus más elevados ideales.

A través de su ejemplo podríamos hacer una proyección o por lo menos imaginarnos cómo será el futuro cuando los niños que están naciendo ahora sean los adultos del mañana.

## ALGUNAS CARACTERÍSTICAS DE LOS ADULTOS CRISTAL (QUE NO ESTÁN SOBREADAPTADOS)

- No conciben el mundo material separado del espiritual.
- Les cuesta comunicarse por las vías de expresión habitual.
- Son sensibles, sanadores; se conectan con energías más sutiles.
- Tienen otra visión de la vida, ya que recuerdan su misión.
- No tienen maldad, envidia, ni falsedad; son ellos mismos.
- Perciben con creces todas las energías que los rodean.
- No sólo escuchan la música sino que la sienten en todo su ser.
- Si se enojan con ellos sufren el doble; si los apoyan se sienten mucho más apoyados que otros seres.
- Si alguien los comprende y los acepta se sienten agradecidos eternamente con esa persona.
- Tienen una mirada especial; irradian pureza.
- Tienen el corazón abierto.

## PALABRA DE CRISTAL

*Definir a un Adulto Cristal es un trabajo complicado, por lo menos definirlo en palabras.*

*De este modo, la única manera de "entender" a un Adulto Cristal es verlo en función, en vivo, cara a cara, y sentirlo un Cristal. Hay que "experimentarlo". Lo mismo que el amor... porque son una misma cosa.*

*Un Cristal distingue la distancia que hay entre lo que somos y lo que nos permitimos ser.*

*Esto no reside sólo en un plano circunstancial, ni emotivo, ni mental, ni físico. En realidad, engloba todos esos niveles y muchos más.*

*Un Cristal distingue nuestra sombra. Ser mirado por un Cristal es sentir que nos atraviesan el alma.*

*Su manera de ser es natural, sin juicio. Tanto es así que todo cuanto queremos ocultar de nosotros mismos lo percibe como lo que es: parte integrante nuestra.*

*Un Cristal tarda mucho en comprender que nuestra propia sombra es lo que más tememos, que nos aterroriza, tanto más porque inconscientemente sabemos que no podemos deshacernos de ella.*

*Que nuestro lado oscuro es nuestra responsabilidad.*

*Por lo tanto, las personas que no están acostumbradas a tratar con un Cristal –o en condiciones de hacerlo– se sienten heridas, confundidas, ofendidas, agredidas…*

*Y reaccionan tomándoselas con él. Así el Cristal aprende la primera lección de supervivencia en este mundo: aprende a callar.*

*El Cristal siente, entonces, el dolor y el enojo del otro como suyos propios (tal es el grado en que muchos Cristal comprenden y viven el principio de que toda vida es una sola) y los demás pueden incluso, haciendo de un mérito una debilidad, convencerlos de que es "su culpa" –y muchas veces se lo creen–. Así, a menudo los Cristal son etiquetados de "psicópatas".*

*Pero hay una diferencia fundamental: la motivación. El viento que los sopla, el espíritu que los mueve. Si el Cristal te dice dónde está el agujero, te lo dice para que hagas algo con eso, para que seas más honesto contigo. Te lo dice desde el amor. Un Cristal no intenta cambiarte. Reconoce en ti la continuidad de Dios, de la vida, la potencialidad divina.*

*Por lo tanto, en cuanto al cambio o al mejoramiento, sabe que tú puedes. Y para poder, hay que querer: "Por tu fe serás sanado".*

*Puede señalarte el camino y sonar soberbio, pero nunca va a caminar por ti.*

Jorge Balbi

*Capítulo 9*
# Despertar la vibración

## CON EL CORAZÓN ABIERTO

Los seres humanos somos criaturas sensoriales. Aprendemos por medio de nuestras experiencias y de nuestros sentidos. Estamos acostumbrados a vivir el vaivén de las emociones en su fluir desde la tristeza rumbo a la alegría, pasando de la pena al consuelo, de la rabia a la satisfacción y de la depresión al júbilo. El verdadero objetivo es aprender a vivir en el interior de una estructura sin dejar de mantener la perfección configurativa de la luz. Y para ello basta con sentirla. A menudo sufrimos en nuestra programación diversos registros de represión; el temor a ser juzgados o rechazados suele sofocar los pensamientos y sentimientos positivos, no sintiéndonos libres de expresar cuanto llevamos en el corazón.

Los pensamientos negativos suelen producirnos emociones confusas. Y así mismo las emociones desequilibradas pueden ensombrecer la percepción mental. Las personas hipersensibles suelen presentar un cuerpo emocional herido, ya que se identifican demasiado con el dolor ajeno. La Energía Cristal viene a disolver los esquemas ligados al miedo y a la culpa, que engendran oscuridad en la mente y apagan la luz del alma. Nuestros cuerpos emocionales fueron concebidos para experimentar y para expresar la gloria del espíritu. Sin embargo, solemos vivir emociones descontroladas y de nosotros emergen pocos sentimientos. En general, se destaca a los Seres Cristal por la refinada sensibilidad y por la sutileza de su percepción, pero no debemos confundirlos con personas sensibles o emocionalmente inestables. Las emociones son sensaciones desvinculadas del espíritu y generan, por lo tanto, un movimiento independiente, sin rumbo. Justamente, una de las características de los Seres Cristal es que tienen claro su objetivo.

Debemos preguntarnos: ¿De verdad manifestamos la realización de un ser humano luminoso? ¿Vivimos en estado de armonía, amor y alegría en todos los aspectos de nuestra vida? ¿Están sanos nuestros cuerpos mental, espiritual y físico? De no ser así, las emociones del miedo se habrán entrelazado, invisibles, con nuestros pensamientos y sensaciones.

La llave para volvernos cristalinos viene de la mano de la expansión de la conciencia. Es lo único que nos puede conectar con nuestra misión y es la guía para no perdernos ni evadirnos de nuestra propia responsabilidad.

Debemos fortalecer los pensamientos, imprimiéndoles valor, energía y voluntad, para disolver los esquemas de temor que moran en la mente, para definir nuevamente quiénes somos, ayudando a descubrir cuál es el verdadero sentido de estar en este mundo.

Habiendo sanado el cuerpo emocional, se restablece el equilibrio perdido entre la mente y el corazón. En este proceso el corazón sana, liberándose de las ataduras del cuerpo emocional.

La vida que experimentamos en el momento presente es sólo

una de las facetas de lo que realmente somos. Como hemos nacido en un cuerpo físico gobernado por cinco sentidos, hemos sido condicionados para entender el tiempo como un hecho lineal, es decir, con un inicio, una duración y un final. Y en tanto llevamos esta programación desde nuestro nacimiento, ya no recordamos que somos seres multidimensionales y que habitamos en la eternidad del tiempo.

Hasta este período no fue posible integrar y asimilar todos los aspectos fragmentarios de nuestro ser. Con el despertar de la Energía Cristal en nuestros corazones es posible liberarse de ciertas partes de nosotros mismos hasta entonces paralizadas por el trauma, por el dolor y por la incomprensión. A medida que aprendamos a relacionarnos con el significado de la eternidad iremos logrando enlazar aspectos olvidados de nosotros mismos. Aprenderemos a identificarnos con la plenitud del momento presente como seres humanos dispuestos a recibir una nueva ola de conciencia y así podremos volver a entender la vida fuera de un supuesto contexto temporal lineal y disolver la ilusión de una realidad tridimensional atada al tiempo y al espacio.

Despertar la Vibración Cristal en nosotros es construir un puente entre el amor que sentimos por nosotros mismos y la expresión orientada hacia el mundo de ese mismo amor.

Habiendo ganado el amor de uno mismo, premisa elemental, los canales del corazón se abrirán para compartir ese sentimiento con otra persona, con la Tierra, con la vida y con todo lo creado.

Aprovechemos las bendiciones que nos trae contar con almas cristalinas entre nuestros familiares o alumnos y asumamos la responsabilidad que esto implica; entonces el futuro se tornará luminoso y lleno de buenaventura.

## LA VOZ INTERIOR

Los Seres Cristal vienen con el corazón abierto. Es por ello por lo que son tan sensibles a los sentimientos de los demás. Ellos pueden percibir lo que estamos sintiendo y pensando en lo más íntimo de nuestro ser. Para ellos no hay secretos. Por eso, si no nos sinceramos y resolvemos nuestros viejos mecanismos de culpa y de miedo, nos será difícil generar el espacio vibratorio necesario para que estos niños se desarrollen plenamente y cumplan con su misión.

Abrir el corazón es algo que muchos quieren evitar, porque duele. Esto sucede debido a que hay dolor dentro del corazón: ésta fue la causa por la cual se cerró. Y cuando el dolor comienza a salir lo sentimos, pero únicamente así el corazón podrá volver a abrirse. No obstante, cuando el dolor pasa, aumenta la alegría y se siente una nueva libertad. Por lo tanto, el resultado es positivo, aunque al principio sintamos malestar e incomodidad, puesto que no hay mayor sufrimiento que tener cerrado el corazón.

Si un Niño Cristal no se encuentra en una familia que lo apoya y lo ayuda a estar correctamente enraizado, puede llegar a desequilibrarse; esto sucede sobre todo si el ambiente no es propicio. Por eso es necesario mantener una comunicación constante con él, para saber cuáles son sus verdaderas necesidades y, así, ayudarlo a encontrar la estabilidad hasta que sea mayor y le sea posible llegar al equilibrio por sí mismo. La armonía del ambiente le da confianza y seguridad.

El corazón es el centro de la energía amorosa, donde mora el espíritu sagrado de la hermandad y la compasión. Si no despertamos este centro, somos como cuencos vacíos y, aunque nos llenemos de conocimiento, de poco nos servirá. El conocimiento se transforma en una realización cuando lo llevamos a la acción de una manera sabia y amorosa.

El primer paso es escuchar nuestra propia voz interior. Esto nos permitirá ir abriéndonos poco a poco. Si retrocedemos en nuestra historia encontraremos el momento en que nuestro corazón se cerró; ése es el punto de partida para que el corazón comience a abrirse nuevamente. Esto es vital para poder evolucionar, ya que, si no atravesamos esta instancia, no habrá suficiente *chi*, energía disponible, fluyendo a través de nuestro campo.

Debemos recordar que todos tenemos muchos traumas y sufrimientos acumulados y que éstos deberán ir saliendo para que sea posible limpiarlos. El proceso puede parecer un poco doloroso, pero finalmente emanará desde nuestro interior una fuerza anteriormente desconocida por nosotros: la fuerza de la suavidad, de la sutileza, del respeto y de la unidad, que solamente podremos hallar dentro de nosotros. Si la buscamos fuera nos será imposible encontrarla.

Cuando el *chakra* cardíaco está abierto, fluye naturalmente un tipo de comunicación directa con el corazón de la Creación. La naturaleza, los hombres y el cielo son uno, simplemente, fluyendo en armonía. El desarrollo de las cualidades del corazón es lo que genera la armonía. Es un camino que debemos transitar juntos. Los Niños Cristal vienen a ayudarnos en este proceso sencillamente, con su sola presencia, con su vibración. Como ellos tienen el corazón abierto, propician que otros abran el suyo. Si sonrío, otros me sonreirán. El calor de una sonrisa de corazón derrite todas las barreras y defensas. Aunque esto puede parecer muy sutil, aseguramos que es muy efectivo. La comunicación de corazón a corazón trasciende las palabras y las distancias. Por eso los Niños Cristal no conocen de límites para cumplir sus objetivos. Justamente la gran fuerza que los impulsa es su conexión con el corazón del Creador y es por ello por lo que pueden generar armonía donde sea que se encuentren. Su responsabilidad es muy grande y esto a veces los desestabiliza, porque temen no tener la fuerza suficiente para generar los cambios necesarios.

## EL CENTRO ENERGÉTICO DEL CORAZÓN

El centro energético o *chakra* del corazón es un centro receptivo de energía que posee la facultad de amar y de sentir compasión, tanto por nosotros mismos como por el mundo exterior. Este *chakra* está (o debería estar) en conexión con las manos. Si esta conexión no es la correcta, puede resultar dañada la capacidad de dar, de amar, de establecer contactos y de recibir.

El corazón tiene una clara conexión con las manos porque la energía del amor es sentimiento más acción. Esto implica sentir la necesidad y accionar simultáneamente para satisfacerla Siento tu sed y te ofrezco un vaso de agua. No hay interferencias de la mente. Es una acción pura y simple, que nace del corazón. Cuando actuamos desde este centro no hay cansancio, sino una constante regeneración de nuestra energía. Esto se diferencia claramente de accionar desde las emociones.

El centro energético del corazón constituye un puente entre los pensamientos y la acción. Cuando este centro está activo, funciona como centro de recopilación y distribución de información. Actúa constantemente como mediador, facilitando la comunicación entre el cuerpo y el espíritu. Sin su ayuda éstos se encontrarían en una continua confrontación.

El signo clave que nos indica la existencia de problemas en el centro energético del corazón es la aparición de un conflicto o de una escisión entre el espíritu y el cuerpo. Hay un conflicto constante entre, por un lado, el dar desinteresado y, por el otro, la satisfacción de las propias necesidades sin hacer caso de las de los demás. Se oscila constantemente entre los extremos porque no se encuentra la verdadera unión que propicia un *chakra* abierto y funcionando en equilibrio.

Cuando el corazón está cerrado nos sentimos cansados, desconfiados y hasta abusados. Un corazón que se cierra a causa de la angustia es un corazón que admite que no es digno de amor.

Volver a abrir el corazón no requiere de coraje a raudales sino de disposición para abandonar creencias muy arraigadas sobre la falta de amor.

El amor necesita de un corazón abierto para dar y recibir.

Un *chakra* cardíaco cuidado en forma adecuada propicia una buena relación entre cuerpo y espíritu, lo que provoca un compañerismo entre los sentimientos y el intelecto, ya que naturalmente sabe cómo dar sin abandonarse a sí mismo.

En el proceso de regreso a la Forma Cristalina, el centro energético del corazón se abrirá nuevamente en su totalidad, trayendo la experiencia de la unión y de la auténtica alegría.

Aunque no lo tengamos cerrado, el corazón siempre se puede abrir más. Cada nivel vibratorio al que ascendemos tiene otra capa alrededor del corazón y en un campo que no habíamos percibido anteriormente. Cada uno debe adentrarse en la siguiente capa para continuar la ascensión, continuar abriendo el corazón y continuar amando aún más intensamente que antes, hasta convertirnos en ejemplos vivientes de compasión en acción. Podemos aspirar a amar libre, profunda e incondicionalmente. Esto trae una bendición oculta y una nueva forma de relacionarse. Esta nueva manera de ser implicará amor y compasión por todas las cosas y formas de vida.

¿Cómo empezar? Queriendo hacerlo. El consentimiento, la intención y la aspiración sincera son el primer paso para empezar cualquier cambio en nuestra vida. Si no, nadie podría ayudarnos, porque eso sería invadirnos.

Luego es preciso tener este objetivo presente constantemente para poder alcanzarlo en todas las situaciones cotidianas. Accionar desde el corazón es algo desconocido para la mayoría de las personas; sin embargo, trae alegría y bendiciones a nuestras vidas. Debemos, por ejemplo, encontrar las palabras que salen del corazón, el tono amoroso y la frase misericordiosa que abren espacios de luz. Si nos conectamos con el corazón esas palabras comienzan a surgir. Así, por ellas nos daremos cuenta de en qué lugar estamos ubicados.

El paso siguiente es renunciar a todo lo que obstaculice el camino. "Todo" implica *realmente todo*: mecanismos viejos, objetos, apegos a lo que fuere. Entonces estaremos en condiciones de comenzar a practicar la consideración en cada situación. Ésta es una posibilidad de abrir el camino para que nuestros sentimientos más puros comiencen a fluir. El amor es la síntesis más perfecta de todos ellos.

## APORTES DE LA CIENCIA

Investigaciones realizadas por el *Institute of Heartmath* (IHM) –Boulder Creek, California– han demostrado la alianza del corazón con la mente, el cuerpo y el espíritu. Dichas experiencias probaron cómo el latido del corazón lleva mensajes intrínsecos que afectan nuestras emociones, nuestra salud física y nuestra calidad de vida. Han comprobado que el corazón tiene capacidad para "pensar por sí mismo". Los investigadores sostienen que el corazón se comunica con el cerebro y que ejerce una gran influencia sobre éste y sobre el resto de nuestros sistemas corporales. También descubrieron una conexión entre el corazón y las emociones. Los estudios muestran cómo el corazón responde a las reacciones mentales y emocionales. Cuando experimentamos reacciones como el enojo, la frustración, la ansiedad y la inseguridad, el ritmo cardíaco se vuelve incoherente, interfiriendo la comunicación de la mente con el corazón. La capacidad de procesar información y de tomar decisiones claras está afectada por la manera en que reaccionamos emocionalmente. De acuerdo con los investigadores Childre y Martin, a medida que desarrollamos nuestra inteligencia de corazón y aumentamos nuestro equilibrio emocional y la coherencia mente/corazón, nos sorprenderemos por los nuevos niveles de claridad mental, productividad, energía física y calidad de vida.

Según estas investigaciones, el corazón es la torre de control de nuestro cuerpo y nos conecta profundamente con nuestra experiencia de vida.

## EJERCICIOS PARA EL CORAZÓN

James Twyman (autor del libro *Emisarios del amor. Los niños psíquicos hablan al mundo*) nos dice: "Harás bien en comprender con tu mente el 'corazón', que es nuestro destino o meta. ¿Te sorprende cuando digo que tenemos tres corazones y que cada uno sirve para una función totalmente diferente? El primero rige todas las cosas físicas; el segundo o corazón sutil rige todas las cosas espirituales (*chakra* del corazón); el tercero o Corazón Sagrado simplemente rige todas las cosas. Es el puente que te conecta con toda la realidad. Se lo representa con una llama trina y cada llama es símbolo de los atributos presentes en una persona cuyo corazón se ha abierto completamente. La primera llama es azul, que es el color de la facultad del poder o el valor; el segundo es amarillo, que es el color de la sabiduría; y la tercera llama es rosa, que es el color del amor incondicional. Cuando estas llamas se combinan en una se convierten en violeta o en el fuego de la transformación"[1].

Twyman propone el siguiente ejercicio para encender la llama del corazón:

- **Paso 1:** *Comienza por cerrar los ojos y relajarte. Recuerda un momento en el cual hayas experimentado una gran alegría, el momento más feliz de tu vida. Recuérdalo con tantos detalles como puedas y, conforme lo haces, trata de sentir las emociones que estabas sintiendo entonces. Imagina que estás reviviendo el evento con todos los detalles que te sea posible (colores, sonidos, emociones, etc.). Ahora nota dónde sientes la energía más fuerte en tu cuerpo, quizás sea en tu corazón (cuarto* chakra*) o en tu región media (tercer* chakra*). Imagina una bola de luz allí y, mientras continúas siguiendo la historia y revives el momento que ha disparado la emoción, pon ambas*

---

[1] Véase www.mind-surf.net/corazonsagrado.htm.

*manos sobre ese sitio. Siente que la bola de luz se está adhiriendo por sí misma a tu mano. Luego, después de unos pocos segundos empieza a mover tu mano hasta que la bola de energía esté contenida sobre el centro del pecho.*

- ***Paso 2:*** *Ahora deja que la historia vaya desapareciendo de tu mente lentamente. Mientras haces esto, siente si la energía varía o cambia de alguna manera. Deja descansar la bola de luz por un momento en tu corazón vibrando fuerte. Ahora apoya una de tus manos sobre la otra. Imagina que con esta acción enciendes la llama. Siente cómo te llenas de amor puro.*

- ***Paso 3:*** *El encendido de la triple llama del Corazón Sagrado es tan simple como fijar tu intención. Mientras sostienes las manos sobre el centro de tu pecho, respira profundamente, sabiendo que las tres llamas están encendiendo tu luz verdadera.*

    *Tu intención es todo lo que se necesita ahora.*

*Ahora que has visualizado el Corazón Sagrado encendido dentro de ti, debes mantener fuerte la llama. Ofrezco dos métodos para lograrlo, el primero, físico, y el segundo, espiritual.*

1- *Golpea el centro del pecho con tres dedos, focalizando la llama interior. Esta visualización, combinada con los golpeteos, traerá energía a este centro. Repite esto varias veces al día y comenzarás a sentir un flujo de energía que te conducirá al segundo paso.*

2- *Comprométete a pasar una hora diaria "viendo" el Corazón Sagrado despierto en otros. No puedo poner el suficiente énfasis en los beneficios de esta práctica. Si verdaderamente quieres conocerte a ti mismo despierto ve a otros como despiertos, sin importar cualquier evidencia de lo contrario. No puedes recibir un regalo que no estás dispuesto a dar. Si pasas una hora al día viendo esto en otros, entonces el corazón en todas sus facetas se expandirá más allá de lo que hayas conocido hasta ahora.*

## PALABRA DE CRISTAL

*Abrir el corazón es indispensable. Eso sanará todas tus relaciones y te permitirá encontrar el sentido perdido de la vida. El corazón es el punto central. Si uno no lo abre todo sigue siendo abstracción, intelecto, entendimiento o exigencia. Abrir el corazón te permitirá encontrar el punto justo de relación con el mundo. El punto verdadero por donde se irradia la virtud. Por eso la imagen del Sagrado Corazón es tan sanadora. Lo que tiene que resucitar es el corazón puro del hombre. Su espíritu se encuentra en un punto pero su irradiación se encuentra en el corazón. Allí nos expandimos como seres luminosos y cristalinos. Si nos abrimos esa luz también iluminará nuestras oscuridades y todo será mutado en luz.*

Solana

*Capítulo 10*
# Cuento para leer con el corazón

Les regalamos este cuento para compartir con los niños y recordar juntos quiénes somos y para qué estamos en esta tierra.

*El lugar donde vivía Alma era un remanso de luz; allí se respiraba amor y alegría. Sus amiguitos eran muy divertidos, amables y compasivos. Era increíble verlos jugar, charlar o trabajar juntos; daba la impresión de que vivían en un mundo donde no existían límites ni reglas aburridas. Lo sorprendente era que había una gran armonía. Lo cierto es que las reglas sí existían, pero se cumplían de manera tan natural que no se daban cuenta siquiera de su existencia, porque eran reglas del corazón, basadas en la verdad, el respeto y el amor.*

*Alma y sus amigos sabían que debían disfrutar y aprovechar cada momento. Trataban de evitar hablar del día en el cual irremediablemente tendrían que separarse. Formaban una gran red de amor y habían hecho un compromiso de permanecer eternamente unidos por lazos invisibles.*

*Un día, Alma comenzó a sentirse rara, como encerrada y limita-*

da. Lo peor de todo era que no encontraba a sus amigos. No sabía qué le estaba pasando; sentía un nudo en el pecho y un gran malestar. Le llevó un largo tiempo darse cuenta de que HABÍA NACIDO y de que su vida a partir de ese momento sería bien diferente.

Antes de nacer, Alma y sus amigos acostumbraban comunicarse entre ellos a través del pensamiento. Si alguien necesitaba algo, el amiguito que estaba más cerca se lo alcanzaba; si alguien sufría por algo, el dolor se compartía entre todos hasta que desaparecía. La verdad es que eran realmente un equipo. Pero cuando nació y comenzó a enviar mensajes a sus padres a través del pensamiento se sintió muy triste al comprender que no era escuchada. Entendió que la única manera de que le prestaran atención era llorando. Pero aun cuando venían a ver por qué lloraba era muy difícil que se dieran cuenta de cuál era el mensaje y qué era lo que verdaderamente necesitaba. Con el tiempo se fue adaptando y perdiendo las esperanzas de reencontrarse con sus viejos amiguitos.

Unos meses antes de cumplir seis años, Alma comenzó el colegio. Los compañeritos siempre la buscaban para jugar pero ella se divertía estando sola. Encima, los maestros decían que era inquieta y que no respetaba las reglas. En los cumpleaños nunca hacía lo mismo que los demás chicos y no entendía por qué se enojaban tanto si lo único que quería era que la dejasen disfrutar a su manera.

Alma comenzó a sentirse sola e incomprendida; ni siquiera creía que sus padres –a quienes amaba– la pudieran ayudar. No entendía para qué había venido a un lugar tan lento, aburrido y lleno de reglas inútiles. Sus ojitos ya no brillaban y no encontraba el sentido de estar en este mundo.

*Una noche, mientras Alma dormía, en su sueño apareció un ser que irradiaba una hermosa luz blanca. La imagen era tan bella que Alma comenzó a llorar de emoción. Por fin volvió a sentirse feliz, después de mucho tiempo. Caminaron juntos, alumbrados por la luz de la luna, conversando a orillas del mar. Alma sintió como si se reencontrara con un viejo amigo. Tenía una alegría muy profunda en su corazón.*

*De pronto, la madre la despertó abruptamente para llevarla al colegio. Alma se sintió desorientada y un poco preocupada: tenía miedo de no volver a ver nunca más al luminoso ser del cual no sabía ni siquiera el nombre. Pero el temor se fue rápidamente ya que esa misma noche se reencontraron en el sueño y mantuvieron el siguiente diálogo:*

*–¿Cuál es tu nombre? –preguntó Alma.*

*–Emmanuel –le contestó.*

*–Ah, tenía miedo de no volver a verte –se apuró a decir Alma.*

*–¿No recordás acaso nuestro compromiso de seguir unidos eternamente? –le preguntó Emmanuel.*

*–La verdad es que desde que nací casi no puedo recordar nada.*

*–De eso se trata mi visita. Muy pronto yo también tendré que nacer y al igual que tú corro el riesgo de olvidar quién soy y cuál es mi misión; yo vengo a ayudarte, pero también necesito de tu ayuda –explicó Emmanuel.*

*–¿Estás seguro de que querés nacer en este mundo? Se te ve tan bien, tan luminoso, tan feliz donde estás…*

*–Es cierto, aquí todo es hermoso, hay mucha paz y felicidad. Todos somos como antorchas encendidas y dondequiera que vayamos hay luz. Es por eso por lo que somos tan felices.*

*–¿Y qué tiene de malo eso?*

*–No, no tiene nada de malo, simplemente que las antorchas sirven para iluminar, y para cumplir su función deben estar donde no hay luz. Además, no podemos ser felices completamente sabiendo que en otros lugares existe tanta maldad, mentira y desamor. Por eso hice el compromiso de nacer.*

*–¿Y qué puedo hacer yo para ayudarte? –replicó Alma.*

*–Lo primero es escucharme; a partir de hoy no necesitarás soñar para encontrarte conmigo. Me podrás escuchar todo el tiempo y así estaremos comunicados.*

*–¿Y los demás también podrán escucharte?*

*–A mi mamá le será más fácil. En principio le daré mi nombre, aunque ella seguramente pensará que fue idea suya.*

*–¿Y de qué otra forma puedo ayudarte?*

*–Debes prometerme que después de que yo nazca,*

*cuando me veas triste, sin fuerzas y con el corazón cerrado, me recordarás quién soy y que vine a este mundo para ayudar a los demás.*

*–¿Pero cómo haremos para encontrarnos?*

*Justo en el momento preciso en que iba a darle la respuesta, fue el padre quien la despertó. Alma quedó desconcertada; pensaba que, si la hubieran dejado dormir unos minutos más, Emmanuel le habría dicho cómo podrían reencontrarse.*

*En los dos meses siguientes, Alma no pudo volver a reunirse con Emmanuel en sus sueños ni tampoco escucharlo. Nuevamente estaba perdiendo su alegría y comenzó a pensar que todo había sido simplemente un sueño.*

*Un domingo, durante el almuerzo, su papá y su mamá le dieron la noticia de que iba a tener un hermanito. Seis meses después, Alma estaba dibujando mientras sus padres conversaban. De repente, escuchó que su mamá le decía a su papá:*

*–¿Qué te parece si le ponemos Emmanuel?*

*En ese momento, Alma comprendió que son muchos los niños que vienen con un mismo objetivo y que sólo es cuestión de encontrarse y unirse para volver a abrir el corazón. Que entre los niños que ella conocía había un montón de seres como Emmanuel, a los cuales ella podría recordarles quiénes eran y para qué estaban en este mundo. A partir de ese momento, Alma dejó de querer estar sola y empezó a jugar con todos los chicos.*

*Cuando nació Emmanuel, Alma comenzó a escucharlo. No sólo a él; también podía escuchar a otros bebés. Hoy Alma y Emmanuel están más grandes. Ellos son mucho más que hermanos, son como antorchas de luz, y saben cómo encontrar esa luz en quienes los rodean y encenderla. Saben que es verdad que en este mundo hay mucho sufrimiento, pero nunca olvidan que están aquí para transformarlo en un lugar maravilloso.*

## NUESTRO MIEDO MÁS PROFUNDO

*Nuestro miedo más profundo no es creer que somos inadecuados.*

*Nuestro miedo más profundo es saber que somos poderosos más allá de la mesura.*

*Es nuestra luz, no nuestra oscuridad, lo que más nos asusta.*

*Nos preguntamos "¿Quién soy yo para sentirme brillante, atractivo, talentoso, fabuloso?".*

*Pero, en realidad, ¿quién eres tú para no serlo?*

*Tú eres un niño de Dios.*

*Tu juego a ser insignificante no sirve al mundo.*

*No hay nada de iluminación en hacerte menos, con el fin de que otras personas no se sientan inseguras a tu alrededor.*

*Todos podemos brillar, tal como lo hacen los niños.*

*Todos nacimos para manifestar la Gloria de Dios que se encuentra en nuestro interior.*

*Esta gloria no está dentro de unos cuantos, está dentro de todos nosotros.*

*Y cuando permitimos que nuestra propia Luz brille, inconscientemente damos la oportunidad a otras personas de hacer lo mismo.*

*Conforme nos vamos liberando de nuestros miedos, nuestra presencia libera a otros automáticamente.*

Marianne Williamson

# Bibliografía

– Budiño, Lino, *Escuela de la Nueva Moneda, pedagogía transdisciplinaria*, Editorial de los Cuatro Vientos, Costa Rica, 2002.

– Cabobianco, Flavio, *Vengo del Sol*, Longseller, Buenos Aires, 1991.

– Emoto, Masaru, *The hidden messages in water*, Beyond Words Publishing Co., 2004.

– Gerberg, Richard, *La curación energética*, Robin Book, Barcelona, 1993.

– Jackson, Sharyl, *Conciencia Índigo. Futuro y presente*, Fundación Índigo de Ecuador, 2003.

– Mendel Shneerson, Menajem, *Trayendo el Cielo a la Tierra*, Keter Tora, 2002.

– Millman, Dan, *Inteligencia espiritual*, Swami, 2001.

– Rother, Steve, *Re-cuerda. Un manual para la evolución humana*, Lightworkers Publications, USA, 2000.

– Szalay, Ione, *Kabaláh. Una sabiduría esencial para el mundo de hoy*, Kier, Buenos Aires, 2003 (Colección Infinito).

– Twyman, James, *Emisarios del amor. Los niños psíquicos hablan al mundo*, Hampton Roads, Charlottesville, 2002.

– Virtue, Doreen, *The Cristal Children*, Hay Hause, USA, 2003.

– Weiss, Brian, *Los mensajes de los sabios*, Ediciones B, Barcelona, 2000.

– Winnicott, Donald, *Mundo interno-mundo externo. Exploración del autismo*, Paidós, Buenos Aires – Barcelona – México DF, 1975.

# Direcciones útiles

**Nuestras páginas:**

www.vibracionindigo.8m.com

www.vibracioncristal.com.ar

Dr. Claudio Burga Montoya:

drclaudioburgamontoya@hotmail.com

Lic. María José Torres:

eznab_4@yahoo.com

**Otras direcciones:**

www.cultivaelespiritu.com.ar

www.geocities.com/elclubdelosninosindigo/vibracioncristal.html

www.startchild.co.za/articles.html

# Índice

| | |
|---|---|
| Palabras preliminares a la presente Colección | 5 |
| Agradecimientos | 7 |
| Introducción | 11 |
| 1 – De Índigo a Cristal | 19 |

La manifestación del equilibrio
Bajar al corazón
Diferencias y semejanzas entre los Niños Índigo y los Cristal
Palabra de Cristal

| | |
|---|---|
| 2 – La Vibración Cristal | 29 |

Del Cielo a la Tierra
La memoria del agua
Partes de un todo
Palabra de Cristal

| | |
|---|---|
| 3 – Anclar la vibración | 37 |

El valor de lo físico
Los agujeros energéticos
La energía disponible

Las señales del cuerpo. Recomendaciones
A modo de conclusión
Palabra de Cristal

## 4 – Los niños de la Vibración Cristal 55

La luz que llega
La Energía Cristal: vida, luz, pasión y comprensión
Las características de los Niños Cristal
Palabra de Cristal

## 5 – La guía de la Luz 67

Cómo reconocer a un Cristal
Las diferencias entre un Niño Cristal y un niño autista

## 6 – Códigos Cristal 93

La afinidad con el mar
Seres Cristal y delfines
El lenguaje cristalino
Palabra de Cristal

## 7 – Criando a un Niño Cristal 101

Los niños nuevos
La sensibilidad a la energía planetaria
La capacidad de concentración
La percepción de las emociones negativas
Las capacidades sanadoras
La exposición en público
Las capacidades telepáticas
La sensibilidad a la violencia
El canal de la comunicación
La armonía del ambiente
La ropa que visten
La sensibilidad a los sonidos
La conciencia grupal
El recuerdo de su misión
Recomendaciones y pautas alimentarias
Palabra de Cristal

## 8 – Los Adultos Cristal 125

Un potencial dormido
Algunas características de los Adultos Cristal (que no están sobreadaptados)
Palabra de Cristal

## 9 – Despertar la vibración 133

Con el corazón abierto
La voz interior
El centro energético del corazón
Aportes de la ciencia
Ejercicios para el corazón
Palabra de Cristal

## 10 – Cuento para leer con el corazón 145

## Bibliografía 153

## Direcciones útiles 155

*Mibros*
IMPRESIONES

Este libro se terminó de imprimir
en mayo de 2004. Tel.: (011) 4204-9013
Gral.Vedia 280, Avellaneda
Buenos Aires - Argentina

Tirada 5000 ejemplares